日帰りで登れる
温泉百名山

飯出敏夫
IIDE TOSHIO

集英社インターナショナル

目次

北海道

東北

関東・伊豆

甲信越

北陸・東海・近畿

中国・四国・九州

番外編

使用上の注意点

- 都道府県別に分類し、基本的に北から南の順に記述。府・県境にまたがる山は登山口としたほうの府県に含めた。
- 山行には信頼できる地図（国土地理院・2万5千分の1地形図、昭文社・山と高原地図、山と渓谷オンライン、YAMAPなど）を必ず携行していただきたい。
- コースタイムは休憩を含まない歩行時間のみの参考タイム。難易度は歩行時間が5時間未満★、5時間以上7時間未満★★、7時間以上★★★を目安としたが、これに登山道の難易度を考慮して加減したコースもある。
- 温泉の泉質と源泉温度は取材時での温泉分析書の表記。それ以降の分析で若干変わることもある。日帰り温泉施設の中には温泉地名を表に出さないか使用していないところもあり、わかりやすさを第一に施設名だけにしたところもある。
- 宿の場合は日帰り入浴、日帰り温泉施設は入浴料と表記した。料金や営業時間、定休日等のデータは2024年6月現在。変更される場合があり、また営業時間は退館時間が中心で1時間前や30分前に受付終了の施設が多いので、事前に確認していただきたい。

はじめに

２０２２年10月、４年の歳月を費やした『温泉百名山』を上梓した。

『温泉百名山』は、深田久弥《ふかだきゅうや》の名著『日本百名山』選定の基準「品格」「歴史」「個性」がそのまま当てはまると思われる名湯と、そこを足場にして登ることができる名山を独断で１００座選定し、実際に登ってみての感慨を記す紀行文の体裁をとった。いわば名湯ありきで選定した名山だったが、山小屋泊で数日かけないと登れない山も多くあり、経験者向きのハードルの高い山が少なくなかった。

発売直後から、思いもかけない動きがあった。特にＮＨＫラジオ第１の人気番組『石丸謙二郎の山カフェ』出演（11月26日イイフロの日）と、朝日新聞の書評欄「著者に会いたい」（12月10日付朝刊）に取り上げられた際の反響は大きく、ほかにも新聞・雑誌の書評欄、ラジオ番組にも数多く呼んでいただいた。ちょうど新型コロナ禍の抑制生活から経済活動優先に舵《かじ》が切られたときで、このような書籍もそろそろ取り上げてもいいだろうといった風潮が追い風となったようである。

読者からは、初級者や年配者でも登山口から日帰りで登れる山で、下山後には必ず温泉も楽しめる名山を取り上げた続編を、といった声が数多く寄せられた。さらに、途中までリフトやロープウェイでも登れるような名山も加えてほしいとも。

なるほど、と合点してみたものの、やるとすれば２０２３年の夏山シーズン開始と同時に取材に入り、しかも短期決戦が必要不可欠だ。なぜなら２０２３年には76

歳の後期高齢者である。はたして気力と体力、それに取材費が足りるのか、それが大きな問題であり、懸念材料だった。

想定する取材期間は、２０２３年４月初めから２０２４年５月半ばまでの間、冬期を除くおよそ11ヶ月。単純計算で１ヶ月当たり10座登る計画で、５月末までに脱稿すれば10月には上梓できる、という誠に楽観的な机上プランである。しかし、ハードではあるが、不可能とも思えない。

思い惑いつつ年が明けたが、そんなプランを話してみると、家族からは「やれると思うならやってみれば。応援するよ」とのエール。「途中で壊れないか心配だが、チャレンジする価値はあるね」とは同年代の友人らの感想。そして前作の担当編集者からは「企画を通すように尽力しましょう」との力強いお言葉。う～ん、これはもう、やるっきゃないか……。

１００の山と温泉をリストアップするにあたって、前作での温泉の選定基準の「品格」「歴史」「個性」にはこだわらず、近年開設された日帰り温泉施設も加えることにした。そして、山はその地方のシンボル的存在の「ふるさとの山」を、それも好展望の山を中心に選んだ。リフレッシュと癒やしが主目的の、登山口から日帰りできる『温泉百名山』の続編、という位置づけになる。

かくして、続編の選定登山は２０２３年４月、九州遠征からスタートした。

北海道

01〜10

出没中だよー
1
2
3
4
5
6
7
8
9
10

雌阿寒岳の山頂から阿寒湖方面の大観を望む

岩壁から噴煙を上げる赤沼を右に眺めて山頂へ

雌《め》阿《あ》寒《かん》岳《だけ》と雌《め》阿《あ》寒《かん》温泉

抜群の眺望と豊富な高山植物に恵まれた活火山

２０２３年６月25日〜７月28日、北東北と北海道に選定登山の長い旅に出た。７月14日、阿寒湖畔の定宿「温泉民宿山口」に投宿。湯友＆山友の鹿野義治・柴田克哉・長尾祐美の関東組、札幌から荒谷大悟・沙織夫妻も集結した。21年７月にトムラウシ山と十勝岳に登頂後、十勝岳温泉「湯元凌雲閣」で打ち上げの宴を張ったのと同じメンバーである。

翌７月15日は雌阿寒岳に登ってから雌阿寒温泉の一軒宿「山の宿 野中温泉」に泊まる計画だったが、雨模様のため屈斜路《くっしゃろ》湖畔の湯めぐりに変更。先に雌阿寒温泉に泊まることになったが、たまたま近くを旅行中だった温泉達人会の井澤俊二会員も合流し、登山前夜というのに大宴会になってしまった。

阿寒きっての秀峰・雌阿寒岳は、「日本百名山」の完登を目指した16年夏に登って以来だから７年ぶりだ。登山口からしばらくはアカエゾマツの林間を進み、いったん下って涸れ沢を過ぎると急登になり、まもなく右下にオンネトーを俯瞰する。ハイマツ帯を抜けた先の岩場の登りでは固有種のメアカンフスマが見頃だった。火口壁に出ると右手に、岩壁から噴煙を上げる赤沼や見え隠れする阿寒富士を望み、火山礫《かざんれき》の尾根を緩やかに登ると、まもなく山頂だ。

この日はガスがかかり、山頂からの阿寒湖や雄阿寒岳の雄大な景観は、残念

ながら望めなかった。前回はオンネトーに下山する周遊コースを歩いたが、今回はそれよりも楽な往復コースにした。

（日本百名山、23年7月16日再訪、同行4名）

雌阿寒岳登山口の自然湧出の秘湯は貴重な一軒宿

雌阿寒温泉は山の宿 野中温泉1軒のみなので、登山シーズンは早めの予約が必須だ。16年の「日本百名山」踏破の際も21年の『温泉百名山』取材時も満室で泊まれなかったので、今回は半年も前に予約して、ようやく久々の宿泊が叶った。自然湧出の源泉かけ流しの名湯を、総アカエゾマツ造りの風情満点の内湯と手作り感あふれる露天風呂で堪能できる。

雌阿寒温泉・山の宿 野中温泉の露天風呂

雌阿寒岳　標高1499m

コースタイム→雌阿寒温泉登山口から登り2時間・下り1時間30分◆登山口まで、鉄道／JR根室本線釧路駅からバス1時間50分の阿寒湖温泉から車で約20分、車／道東自動車道足寄ICから約1時間

難易度 ★☆☆

雌阿寒温泉

山の宿 野中温泉☎0156-29-7321、日帰り入浴500円（10:00 ～ 18:00）◆泉質＝含硫黄ーカルシウム・マグネシウム・ナトリウムー硫酸塩・塩化物温泉◆源泉温度=45.6度◆下山口から徒歩約3分

火口壁直下の岩場の登りでは、メアカンフスマの可憐な花が盛りを迎えていた

平《ひら》山《やま》と丸《ま》瀬《るせ》布《っぷ》温泉

稜線から望む、左にたおやかな山容の平山、その向こうに表大雪の大展望

平山　標高1771m

コースタイム→登山口から登り2時間40分・下り2時間◆登山口まで、鉄道／JR石北本線白滝駅からタクシーで約40分（要予約）、車／旭川紋別自動車道奥白滝ICから約30分

難易度★☆☆

丸瀬布温泉

丸瀬布温泉やまびこ☎0158-47-2233、入浴料600円（10:00〜21:00、火曜休・祝日の場合は翌日休、冬期休業）◆泉質＝アルカリ性単純温泉◆源泉温度=41.8度◆下山口から車で約50分

丸瀬布温泉やまびこの露天風呂

優しい山容が印象的な表《おもて》大雪《だいせつ》の好展望台

北大雪の「眺望と花の名山」と評されているのが平山だ。道外の人にはそれほど知られていないが、道内の山好きの間では家族連れでも楽しめる山として親しまれているという。私はその存在を知らなかったが、札幌在住の山友・荒谷夫妻に案内してもらうことにした。

23年7月8日、札幌を未明に発って高速道路を乗り継ぎ、旭川紋別自動車道奥白滝ＩＣで降りてすぐのところにある道の駅「しらたき」で休憩。そこから平山登山口まで約20㎞、半分がダートの林道なので30分かかって7時に着いた。土曜日とあって、駐車場はすでに10台ほどが先着。登山者グループや家族連れ、熟年夫婦の姿もあり、人気のほどがうかがえた。

駐車場から登山道に入ると、やがて湧別川《ゆうべつがわ》沿いの道になる。途中、小さな滝などを見ながら進み、沢音が遠ざかると少し視界が開け、大きな雪渓が現れた。少憩後にその雪渓を横断し、さらに休憩を重ねながらようやく尾根上に登り着いた。そこは大きなケルン*が積まれた分岐点で、右は比麻奈山からニセイカウシュッペ山方面、左前方にはいかにもその名の通りのゆったりとした山容の平山が構えていた。平山の向こうに連なるのは表大雪の峰々。素晴らしい眺めである。この分岐から平山までは鼻歌交じりで歩ける稜線ルートで、平山直下では今が盛りのエゾイソツツジの花がフラワーロードを作っていた。

平山山頂はピークというより丘陵といった印象だった。一角に小さな石祠《せきし》があり、正面には表大雪の大観、右手には鋭い岩峰の通称アンギラス、その左にたおやかな山容の日本三百名山ニセイカウシュッペ山が連なっていた。荒谷夫妻はもちろんこの山にも登頂済みである。

コースタイムは登山口から山頂まで約2時間40分だが、私の足は遅く、休憩1時間と撮影しつつ登ったので約4時間を要した。この遅いペースに辛抱強く付き合ってくれた荒谷夫妻には感謝しかない。

（23年7月8日初訪、同行2名）

平山登山口がある遠軽《えんがる》町《ちょう》の日帰り温泉施設

平山登山口のある遠軽町には温泉が2ヶ所ある。1湯は瀬戸瀬《せとせ》温泉、もう1湯が登山口から近い丸瀬布温泉。近いといっても、登山口から車で約50分もかかるが、北海道ではこの程度の距離はさほど遠いとは感じない。丸瀬布温泉には日帰り温泉施設やまびこと宿泊施設マウレ山荘があるのみ。やまびこには大きな内湯と露天風呂、サウナもあるので、ゆっくりと汗を流してくつろげる。

平山山頂から望むニセイカウシュッペ山方面

*ケルン…登山コースを示す目印。

八合目から上は高山植物の花が迎えてくれた

黒岳七合目まで運び上げてくれる黒岳リフト

黒《くろ》岳《だけ》と層《そう》雲《うん》峡《きょう》温泉

ロープウェイ＋リフト＋1時間余の登山で山頂へ

　23年夏の北海道遠征は7月5日に函館港に上陸。恵山《えさん》は登る寸前に晴れたが、移動したニセコでは6日に予定した昆布岳《こんぶだけ》は登山口まで行ったものの雨が降り出したため断念。７日に尻別岳《しりべつだけ》に登って、札幌に移動した。８日に平山、9日に永山岳《ながやまだけ》に登って札幌に戻り、10日に支笏湖《しこつこ》畔の風不死岳《ふっぷしだけ》に向かったが、山頂付近にヒグマが出没しているのでやめたほうがいいとの地元登山者の忠告に従った。翌日の天気を調べたところ、旭川地方は昼までなんとか持ちそうとの予報。夜を徹して走り、11日未明に黒岳登山口の層雲峡温泉に到着した。

　黒岳ロープウェイの夏場の始発は午前6時で、乗り継ぐ黒岳リフトの運行は6時30分から。乗り換えに少し歩く時間を入れても標高差８５０ｍを30分足らずで引き上げてくれる。リフトの終点は標高１５２０ｍの黒岳七合目、黒岳山頂との標高差は４６４ｍしかない。実は、黒岳に登るのは55年ぶりである。そのときは夏期合宿のため文明の利器は使えず、うらめしく見上げながら層雲峡温泉からの登山道を歩き切った記憶が蘇った。

　七合目からの登山道はしばらく灌木《かんぼく》の間を行くが、八合目を過ぎると視界が開け、登山道はウコンウツギやチシマノキンバイソウだろうか、鮮やかな高山植物に彩られたフラワーロードとなった。百花繚乱の花々に見惚れつつ、１時

間30分で頂上に立った。なんとか雨には降られなかったものの、大雪の山々の山頂部は重い雲に覆われていた。それでも北海道の屋根と称される大雪山の雄大さは実感できた。

（23年7月11日再訪、単独行）

北海道を代表する観光温泉地の湯を満喫

層雲峡温泉は巨大なビル建築のホテルが建ち並ぶ、北海道を代表する観光温泉地だ。ロープウェイ層雲峡駅から徒歩約5分、バスターミナル近くにあるのが日帰り温泉施設の層雲峡温泉黒岳の湯。浴場は2階に内湯、3階に半露天風呂、サウナと水風呂も備えていて、登山帰りに気軽に立ち寄れるありがたい存在だ。

露天風呂から柱状節理も望める黒岳の湯

黒岳　　標高1984m

コースタイム→層雲峡からロープウェイとリフトで約30分の黒岳七合目リフト駅から登り1時間10分・下り50分◆黒岳ロープウェイ層雲峡駅まで、鉄道／JR石北本線上川駅からバス30分、車／旭川紋別自動車道上川層雲峡ICから約25分

難易度★☆☆

層雲峡温泉

黒岳の湯☎01658-5-3333、日帰り入浴600円（10:00～21:30・冬期11:00～21:30、無休）◆泉質＝単純温泉◆源泉温度=78.5度◆層雲峡駅から徒歩約5分

標高1984mの黒岳山頂。晴天であれば観光客も気軽に足を運ぶ大雪山の展望台だ

旭岳《あさひだけ》と旭岳《あさひだけ》温泉

北海道の最高峰と高山植物の花園を巡る珠玉の周回コース

大雪山は、表大雪・北大雪・東大雪・十勝連峰と続く大山塊《だいさんかい》の総称である。標高２２９１ｍの旭岳を筆頭に２０００ｍ級の山々が連なり、「北海道の屋根」「カムイミンタラ……神々の遊ぶ庭」と称されている。本州の３０００ｍ峰に匹敵する高山環境にあり、希少な動植物の宝庫でもある。旭岳温泉から旭岳ロープウェイで標高１６００ｍの姿見《すがたみ》駅まで10分、そこは旭岳五合目にあたり、夏期は整備された遊歩道一帯が高山植物の花盛りとなる。観光客の多くが爆裂火口と旭岳を眼前に仰ぎ見る姿見ノ池あたりまで散策を楽しみ、その景観は訪れる人を魅了し続けてやまない。

私は旭岳には１９６８年と２０１４年の2度登っていた。23年7月17日に姿見駅から旭岳に登り、間宮岳、中岳温泉、裾合平《すそあいだいら》を経て姿見駅に戻る周遊コースの踏査を企てた。私の大雪山中枢部における、もっとも魅力的な日帰り周遊コースだった。しかし、この日は雨混じりの強風という悪天候で、同行した荒谷夫妻と柴田、鹿野両君の屈強４人組は果敢にこのコースに挑んだが、私は長尾さんと裾合平経由の中岳温泉往復にとどめた。雨中行軍となったが、裾合平のチングルマやエゾノツガザクラなどが咲き競うお花畑の景観はまさに息をのむ美しさ。この日は中岳温泉で屈強４人組と合流し、野湯遊びに興じて下山した。

ロッジ・ヌタプカウシペの源泉かけ流しの内湯

7月はキバナシャクナゲが一面に咲く旭岳山頂

姿見駅から姿見ノ池へ続く遊歩道から激しく噴煙を上げる爆裂火口と旭岳を望む

24年7月に、念願だった理想的な旭岳周遊コースのリベンジを計画していたが、不覚にも体調不良のため果たせず、宿題として残すことになった。

（日本百名山、23年7月17日中岳温泉まで、同行5名）

贔屓《ひいき》の温泉宿と老舗宿自慢の「神々の湯」

大雪山の探勝基地として発展した旭岳温泉には10軒ほどの宿泊施設があり、北海道では屈指の人気観光温泉地。宿泊や日帰り入浴は私が贔屓にしているロッジ・ヌタプカウシペを推奨するが、その入浴時間に間に合わない場合は、湯元湧駒荘《ゆこまんそう》の日帰り客対応の別館神々の湯（入浴料1200円、12～18時受付終了）もおすすめだ。男女別に浴槽が2つある内湯と露天風呂があり、各浴槽で異なる泉質の湯が堪能できる。

旭岳　標高2291m

コースタイム→旭岳ロープウェイ終点の姿見駅→旭岳→中岳温泉→姿見駅の周遊コースで約7時間30分◆旭岳ロープウェイ山麓駅まで、鉄道／JR石北本線旭川駅からバス1時間40分、車／道央自動車道旭川北ICから約1時間10分

難易度★★★

旭岳温泉

ロッジ・ヌタプカウシペ☎0166-97-2150、入浴料700円（13:00 ～ 16:00、6月中旬～ 10月中旬の営業）◆泉質＝カルシウム・マグネシウム・ナトリウムー硫酸塩・塩化物温泉◆源泉温度=48.6度◆山麓駅から徒歩約10分

標高2046mの永山岳山頂は絶景の岩場だ

視界が開けると眼下に沼ノ平湿原が広がる

永山岳《ながやまだけ》と愛山渓《あいざんけい》温泉

高山植物のプロムナードを絶賛する声に導かれた山

　永山岳は大雪山の西端部、主稜群《しゅりょうぐん》とは離れた位置にあり、主稜の縦走コースと比べれば登山者は圧倒的に少ない。逆に登山口の愛山渓温泉から沼《ぬま》ノ平《だいら》経由の登山者と中岳温泉で遭遇したこともあるが、いずれにしても静かな山歩きが楽しめると、一定の根強いファンに愛されている山域である。

　愛山渓温泉は、私が20代半ばの頃、山小屋風のランプの宿だったときが初訪で、格別の思い入れがある秘湯である。今回、この愛山渓温泉を足場にした日帰りコースをどうしても入れたいと、前夜まで思案していた。永山岳は私の足では荷が重いので沼ノ平あたりまでかと決めかけたとき、たまたま同宿していた地元の登山者から「この時期の永山岳は素晴らしいフラワーロードになり、毎年それを目的に登っている」という話を聞いた。前日の平山から同行してくれている荒谷夫妻に相談すると、私の遅いペースを熟知している2人は不安そうだったが、最終的に同意してくれた。もう、なにがなんでも登るしかない。

　愛山渓温泉から沼ノ平分岐までは林間の登り1時間30分。そこからいったん沢筋まで下り、あとはひたすら登りになる。登頂は12時50分。分岐から山頂までコースタイム2時間45分を休憩込みで4時間30分もかかった。それはあまりにもフラワーロードが美しすぎて、なかなか先に進めなかったのも一因だ。

結局、愛山渓温泉を6時30分に出発し、帰着したのは17時15分。休憩2時間込み10時間45分もの長丁場になったが、その満足感は半端なく、余韻に浸りながらの温泉も格別だった。（23年7月9日初訪、同行2名）

登山基地として親しまれる温泉名も麗しき秘湯

愛山渓倶楽部には山荘風の本館と山小屋スタイルのヒュッテがある。現在は素泊まりのみで食事の提供はないので、宿泊客は弁当類を持ち込むか自炊することになる。泉質自慢の温泉は自然湧出泉で、しかも適温。風呂は男女別の内湯だけだが、文句なしの源泉かけ流しの湯が堪能できる。冬期は休業。

源泉かけ流しの愛山渓倶楽部の内湯

永山岳　標高2046m

コースタイム→愛山渓温泉から登り4時間15分・下り3時間。登山口の愛山渓温泉まで、鉄道／JR石北本線上川駅からタクシー（要予約）で約40分、車／旭川紋別自動車道愛山上川ICから約40分

難易度★★★

愛山渓温泉

愛山渓倶楽部☎01658-9-4525、日帰り入浴700円（10:00～19:00、営業は5月中旬～10月中旬）◆泉質＝ナトリウム・マグネシウム−炭酸水素塩・硫酸塩温泉◆源泉温度=43.7度◆下山口にある

7月の永山岳はチングルマやエゾコザクラの見事なフラワーロードを行く

白雲山《はくうんざん》と然別峡《しかりべつきょう》かんの温泉

然別湖《しかりべつこ》を眼下に東大雪の山々や十勝平野を眺望する展望台

大雪山国立公園の南端に位置する然別湖は、標高８１０ｍに位置し、北海道では最高所にある山上の湖だ。夏期は遊覧船やボート、結氷する冬期のイベントに開設される氷上露天風呂が温泉ファンに人気だ。

然別湖には格別の思い出がある。大学3年時、大雪山縦走夏合宿を終え、然別湖のすぐ近くの山田温泉（廃業）で女子隊と合流。打ち上げのキャンプを張った。当時は禁漁ではなかったオショロコマを釣ったり、然別湖をボートで対岸に渡って秘湖と呼ばれる東雲湖《しののめこ》までハイキングしたりして過ごした。いまだに鮮明な青春の思い出である。

この然別湖の南湖畔にそびえるのが白雲山と「くちびる山」の愛称がある天望山だ。標高は共に１２００ｍに届かない低山ながら山頂からの眺望には定評があり、そこから然別湖と十勝平野を俯瞰してみたかった。

7月13日、旭川近くの滞在先を未明に発ち、然別湖を目指した。白雲山登山口には8時30分に着いたが、なんと小雨で、やむなく車中で2時間の天気待ち。雨が止んだので、迷った末に登り直しを覚悟で出発した。山頂直下までは林間コースで、また雨が降り出し、霧も出てきた。山頂手前の灌木の下で天気待ち30分。すると、幸運にも霧が晴れ、山頂からは眼下に然別湖の全貌、振り返ると十勝平野が眺望できた。楽しみにしていた東大雪の山々、とりわけ未踏のウペペサンケ山を眺めたかったが、これは霧の彼方に隠れていた。それでも然別湖の俯瞰写真が撮れたので、これで良しとし、また降り出した中を下山開始。下りは天望山の分岐を通過し、湖畔沿いの道に出て、白雲山登山口に戻る周遊ルートを歩いた。好天ならば、天望山を越えて

然別湖北岸から見た白雲山（中）と天望山（左）

眺望抜群の白雲山山頂。晴天なら然別湖の奥にそびえるウペペサンケ山も望める

思い出の東雲湖へと下る周遊コースも考えていたが、再び降り出した雨と時間的余裕もないことから、そのプランは断念するしかなかった。（23年7月13日初訪、単独行）

自然湧出の源泉12本を誇る東大雪の秘湯

然別湖の10km手前の分岐で北へ直進するのが然別峡への道で、14km奥の行き止まりに一軒宿の然別峡かんの温泉がある。自噴する源泉が12号泉まであり、多彩に揃う風呂はもちろん源泉かけ流し。極上の湯が堪能できる。然別湖畔温泉にも日帰り入浴を受け付ける宿があるが、私の推しはこちらの温泉だ。近くのキャンプ場奥の渓流沿いにある無料の露天風呂鹿の湯もおすすめ。

白雲山　標高1186m

コースタイム→白雲山登山口から一周コース2時間50分◆白雲山登山口まで、鉄道／JR根室本線帯広駅からバス1時間47分白雲橋下車徒歩2分、車／道東自動車道十勝清水ICから約1時間

難易度★☆☆

然別峡かんの温泉

然別峡かんの温泉☎050-5319-4068、日帰り入浴650円（12:00～17:00、火曜休）◆泉質＝ナトリウム－塩化物・炭酸水素塩温泉◆源泉温度=52.3度（源泉1号）ほか◆下山口から車で約30分

然別峡かんの温泉の「波切の湯」

西山の下りからイワブクロの群落と溶岩ドーム

七合目登山口から支笏湖を振り返りつつ登る

樽前山《たるまえさん》と支笏湖《しこつこ》温泉

溶岩ドーム一周コースは道南の日帰り登山の白眉

樽前山には16年と21年のともに7月に登った。今回は先に風不死岳《ふっぷしだけ》に登ってから樽前山の東山経由で七合目登山口に周遊する計画でいたが、駐車場で地元の登山者から風不死岳はヒグマが頻繁に出没しているからやめたほうがいいとの忠告を受け、やむなく東山往復だけにした。

樽前山は道南の日帰り登山では欠かせない存在なので、前作と同様の溶岩ドーム一周コースを再録し、前作の丸駒温泉に代わって樽前山登山にもっとも近い位置にある支笏湖温泉を取り上げることにした。

樽前山の最高地点は溶岩ドーム（標高１０４１ｍ）だが、ここは立入危険区域なので、登山可能な東山が最高点だ。山頂指標も外輪山でもっとも高い東山に設置されている。振り向くと支笏湖が俯瞰できる登山道の脇には、シーズンにはこの山ではタルマイソウと呼ばれるイワブクロの花が登山者の目を楽しませてくれる。外輪山に立つと、目前に１９０９（明治42）年4月の噴火で誕生した溶岩ドームの奇観が忽然と姿を現す。思わず息をのむ瞬間だ。

一等三角点*が設置された東山（標高１０２２ｍ）まで、登山口から約1時間10分。東山からは目前に溶岩ドーム、右手遥かに羊蹄山《ようていざん》も望める。東山からの周遊コースの北側は火口原で、溶岩ドームがより間近に迫る。次のピークは西

＊三角点…国土地理院が地図を制作する際に作る基準となる点。一等から四等まである。

山（標高994m）で、そこからは外輪山の緩やかな尾根道を歩いて周回する。活火山の迫力が満喫できる初心者向きの魅力的な周遊コースとなっている。

（日本二百名山、23年7月10日再訪・東山往復、単独行）

支笏湖南岸の風光明媚な森の中にある憩いの湯

支笏湖観光の表玄関は、南岸の支笏湖温泉だ。数軒の宿があるが、少し離れた森の中に建つのが休暇村支笏湖。施設は充実した内容のリゾートホテル風で、男女別の大浴場は2階にあり、窓からは湖畔の緑が印象的だ。日帰り入浴の受付時間が短いので、樽前山を午前中に登るか、登山の前後に宿泊して楽しみたい。

支笏湖温泉・休暇村支笏湖の大浴場

樽前山　標高1022m（東山）

コースタイム→七合目登山口から東山まで登り1時間10分・下り50分（東山分岐から一周約1時間40分）◆樽前山七合目登山口まで、鉄道／JR千歳線千歳駅からタクシーで約40分、車／道央自動車道苫小牧西ICから約20分

難易度★☆☆

支笏湖温泉

休暇村支笏湖☎0123-25-2201、日帰り入浴800円（11:00 ～ 15:00、要確認）◆泉質＝ナトリウム一塩化物・炭酸水素塩温泉◆源泉温度=33.2度◆下山口から車で約20分

一等三角点が設置された東山は外輪山最高峰。溶岩ドームの右手に羊蹄山も遠望

尻別岳《しりべつだけ》とルスツ温泉

古くは羊蹄山の「女山《マチネシリ》」に対して「男山《ピンネシリ》」と称された秀峰

喜茂別町《きもべつちょう》・留寿都村《るすつむら》・真狩村《まっかりむら》にまたがる尻別岳は、さしずめこの地域の「ふるさとの山」といった存在だろう。古くは羊蹄山が「雌岳」「女山」「後方羊蹄山」、尻別岳が「雄岳」「男山」「前方羊蹄山」と呼ばれていたという。また、尻別岳が羊蹄山と呼ばれた時代もあったが、のちに後方羊蹄山が羊蹄山とされたので、こちらを尻別岳とすることになった、ともあった。このことをみても、羊蹄山と尻別岳が地元の人にとって特別な山であることがわかる。

　尻別岳へは留寿都村と京極町を結ぶ道道257号を走ると「尻別岳登山道入口」の看板に導かれ、未舗装の林道を3km余り走った地点の登山口から入山するとわかりやすい。始めは林間を行き、スキー場のリフト終点を右に見ると、やがて尾根道に出る。左は岳樺《だけかんば》などの樹林だが、右手は視界が開け、眼下に大型ホテルや遊園地、ゴルフ場やスキー場を備えた道内屈指の規模を誇るルスツリゾートを見下ろす快適な尾根道だ。やがて正面に急斜面が現れる。上部では補助ロープも設けられた急登で、ようやく尻別岳に登るという実感が湧く。斜面にはニッコウキスゲの花が多かった。この急坂を登り切って緩やかな尾根になると、まもなく尻別岳の山頂だった。羊蹄山の絶好の展望台で、快晴なら洞爺湖《とうやこ》や遠く渡島《おしま》半島の駒ヶ岳や噴火湾までも視界が届くそうだが、この日は

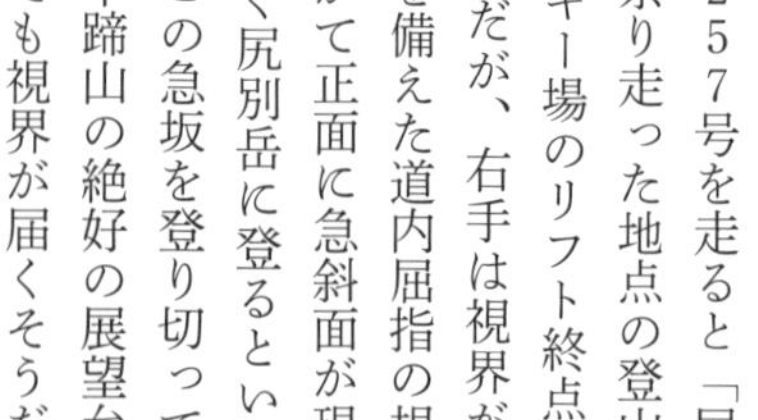

かけ流しの極上の湯が堪能できるルスツ温泉

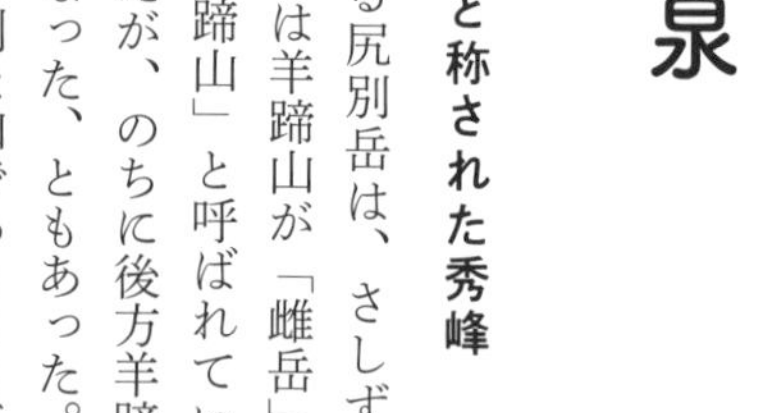

羊蹄山が頭だけ見せてくれた尻別岳の山頂

尻別岳の大きさを実感した踏ん張りどころの急登。斜面に咲く花に勇気づけられた

雲が重く、雨が降らないだけマシといった天候で、絶景は望むべくもなかった。それでも、関東から喜茂別町に移住して来たという青年と粘っていると、羊蹄山が頭を覗かせてくれた。（23年7月7日初訪、単独行）

留寿都村の郊外にポツンと建つ村民憩いの湯

留寿都村の中心部から国道230号を洞爺湖方面に2㎞弱走ると、右手にポツンと焦げ茶色の外観の簡素な建物が現れる。気をつけていないと見落としそうだが、ここは留寿都村が村民の憩いの場として建設した共同浴場のルスツ温泉だ。泉質が抜群に良く、もちろん源泉かけ流し。こんなありがたい温泉施設が何気なくあり、しかも安価で外来客にも開放しているという点に北海道の度量の大きさと魅力を実感した。

尻別岳　標高1107m

コースタイム→登山口から登り2時間10分・下り1時間30分◆登山口まで、鉄道／JR函館本線倶知安駅からタクシーで約30分、車／国道230号の喜茂別の中心部から約10分

難易度★☆☆

ルスツ温泉

ルスツ温泉 ☎0136-46-2626、入浴料300円（11:00～21:00、水曜休）◆泉質＝ナトリウム－塩化物・炭酸水素塩温泉◆源泉温度=44.0度◆下山口から車で約15分の国道230号沿い100m入る

火口壁の一番高い岩場が羊蹄山の山頂だ

ようやく達した火口壁から時計回りに山頂へ

羊蹄山《ようていざん》とまっかり温泉

蝦《え》夷《ぞ》富士と称される北海道随一の秀麗な姿の名山

羊蹄山の端正にして秀麗な山容の美しさは、まさに蝦夷富士と称されるにふさわしい。豊富な高山植物に恵まれ、俗化されていない自然美を考慮すれば、本家の富士山よりもずっと魅力的な名山である、と私には思える。

名著『日本百名山』の中で、深田久弥《ふかだきゅうや》は『日本書記』にこの山が「後方羊蹄《しりべし》山《やま》」と記されていることを述べ、「山の名前は昔からのものを尊重したい」と、歴史的な名称の「後方羊蹄山」を使うべきだと強調しているが、私がこの山を初めて見た58年前はすでに羊蹄山で通っており、古名への思い入れはない。

この憧憬の名山に初めて登ったのは「日本百名山」の完登を志した年だから、もう8年も前だ。２０１６年7月、山友の義広勝氏と倶知安《くっちゃん》コースひらふ登山口から登った。早朝5時前に出発。直後は雲海の中に突入してガスっていたが、視界が開ける六合目付近から快晴になった。途中何度も休憩をとり、花盛りの高山植物に感嘆しつつ、まずまずのペースで登り、お鉢突端の山頂には正午ちょうどに立った。帰路はそのまま時計回りにお鉢を周回し、下山したのは17時。休憩込み12時間もかかったが、達成感に満たされた記憶が残っている。

当然、『温泉百名山』に加えるつもりだったが、そのときに取材した露天風呂から羊蹄山が望める倶知安町の湯宿がその後に休業してしまったため、掲載を断念した。今回、改めて登り直すことも考えていたが、気力体力の衰えに登頂する自信がなく、果たせなかった。

（日本百名山、16年7月11日初訪、同行1名）

羊蹄山やニセコアンヌプリを望む露天風呂が最高

今回、ニセコ温泉部のトムさんの案内で、正面に羊蹄山、ニセコアンヌプリも遠望できる露天風呂が魅力の日帰り温泉施設まっかり温泉に案内してもらい、この温泉と組み合わせることにした。真狩《まっかり》コースを往復して立ち寄るのが理に適うようにも思うが、車を利用するならひらふ登山口からもそう遠くはない。なお、10～3月は11時からの営業になる。

まっかり温泉の露天風呂と羊蹄山

羊蹄山 標高1898m

コースタイム→ひらふ登山口から登り5時間30分・下り4時間◆ひらふ登山口まで、鉄道／JR函館本線倶知安駅からタクシー15分、車／道南自動車道長万部ICから約1時間20分

難易度★★★

まっかり温泉

まっかり温泉☎0136-45-2717、入浴料600円（夏期10:00～21:00、月曜休・祝日の場合は翌日休）◆泉質＝ナトリウム－塩化物・硫酸塩・炭酸水素塩温泉◆源泉温度=29.3度◆下山口から車で約20分

真狩コースが合流する付近から、エゾノツガザクラを前景にお鉢と火口壁を望む

昆布岳《こんぶだけ》と黄金《こがね》温泉

山頂からの大パノラマが楽しみなニセコ三山の孤峰

ニセコアンヌプリを背にして羊蹄山を眺望すると、その南東に続く山並みにひときわ目を引く鋭峰が見える。これが昆布岳だ。羊蹄山とニセコ連山に比べるといかにも地味な存在だが、地元ではニセコ三山の一峰に数えられている。海岸とは遠く離れた山なのに昆布岳とは妙な名称だが、豊浦町のＨＰによるとアイヌ語で「トコンポ・ヌプリ」（小さなコブ山）を意味し、かつては混保岳の当て字を使っていたこともあるということだ。

前作でニセコアンヌプリ、今作で羊蹄山を取り上げることは早くに決めていたが、こうなると昆布岳だけ仲間外れにするのは気が引ける。というわけで、北海道に上陸した翌日の7月6日、ニセコ温泉部のトムさん、ルカオさんと豊浦町側にある登山口に向かったが、駐車場に着くなり雨に見舞われた。やむなく、遠征の最終日に改めてリベンジすることに。

再び昆布岳を目指したのは7月19日。この日も好天とはいかず、山頂部は雲に隠れていたが、意を決して8時25分に出発。七合目までは勾配も緩やかな林間コースで、九合目のサインを過ぎると補助ロープも設置された急登が現れた。足元では黄色いオトギリソウの群生が美しい。

山頂近くで見る間にガスが切れ、青空も覗く。11時55分、手製の山頂標示が

ニセコアンヌプリを望む黄金温泉の露天風呂

九合目の先には草原状の急登が待ち構えている

標高は1045mしかないが、一等三角点が置かれた昆布岳山頂からの展望は抜群だ

立つ昆布岳に登頂。山頂では北方に羊蹄山を間近にニセコ連山、南方には洞爺湖《とうやこ》や有珠山《うすざん》、噴火湾の大パノラマが広がると聞いていたが、青空も隠れ、ガスっていて景色はまったく見えない。ガッカリしていると、なんとニセコ側の雲が切れて、トムさんの家が視認できたと歓声が上がった。それがこの日一番のご褒美になったようだ。

（23年7月19日初訪、同行2名）

ニセコエリア随一の極上湯がかけ流し

黄金温泉は、昆布駅からニセコ方面に向かう道沿いにある日帰り温泉施設。極上の源泉かけ流しの湯が評判で、特にニセコアンヌプリや羊蹄山を眺望する露天風呂が秀逸。敷地内には安価な料金で良質の羊肉が堪能できるジンギスカンハウスもあり、好評だ。

昆布岳　標高1045m

コースタイム→登山口から登り3時間・下り2時間◆道道914号沿いの登山口まで、鉄道／JR函館本線昆布駅からタクシー（要予約）で約30分、車／道央自動車道長万部ICから約50分の国道5号昆布から豊浦方面へ約30分（途中、登山口への標識あり）

難易度★★☆

黄金温泉

黄金温泉☎0136-58-2654、入浴料500円（9:00～19:00、無休、営業は5～10月）◆泉質＝ナトリウム－塩化物・硫酸塩・炭酸水素塩温泉◆温度＝43.5度◆登山口から車で約35分（昆布駅からは約5分）

東北

11〜30

楽チン
だね〜
高田大岳
1552 東峰
11
12
18
13
14
15
19
20
16
17
21
22
23
24
26
25
28
27
29
30

赤倉岳《あかくらだけ》と酸ヶ湯《すかゆ》温泉

ロープウェイを利用して八甲田山の魅力を満喫

八甲田山は、大岳、高田大岳など8つの峰（八甲）と点在する湿原（田）で知られる名山だ。真っ先に豪雪の八甲田山のイメージが想い浮かぶが、初夏から夏にかけての八甲田山は実に優美な風景を見せる。

初級者や年配者に人気なのが、八甲田ロープウェーを利用して赤倉岳を越え、毛無岱《けなしたい》の湿原美を楽しみながら酸ヶ湯温泉へ下るコース。体力的に自信がなければ赤倉岳中腹を巻いて毛無岱に出る短絡ルートもあり、余裕があれば最高峰の大岳往復（鞍部《あんぶ》から往復1時間）を加えてもいい。

23年夏、北海道に渡る前に八甲田山の2コースを歩く計画を立てていた。前夜にみちのく深沢温泉に泊まり、怪しい雲行きの7月3日に強行した。山麓駅から空中散歩10分の山頂公園駅から田茂萢岳《たもやつだけ》に登り、山頂部が霧に包まれている赤倉岳を目指したが、山頂からは目の前に見えるはずの大岳も見えない。大岳との鞍部に立つ避難小屋に着く直前に雨が降り出し、やがて本降りになった。毛無岱の木道はまるで小川状態。したたか雨に打たれて酸ヶ湯温泉に下った。これはもう一度登り直すしかない、と覚悟した。

再度、登り直したのは北海道からの帰途、7月21日になっていた。この日もガスっていたが、赤倉岳山頂で粘っていると、ようやくガスが切れて大岳が姿

酸ヶ湯温泉自慢の混浴の総ヒバ造り千人風呂

田茂萢岳下より左から赤倉岳、井戸岳、大岳

神社が祀られた赤倉岳の山頂下は好展望地。八甲田山最高峰の大岳を間近に望む

を現した。ガスに包まれていた7月3日とは別世界の風景を見ることができ、再訪した甲斐があった。前回は赤倉岳下の火口壁の路傍に花盛りだったミヤマオダマキもこの日はもう咲き終わっていて、季節の移ろいを実感させられた。（23年7月21日再訪、単独行）

湯治場の伝統を守り継ぐ八甲田を代表する名湯

酸ヶ湯温泉は、江戸時代から湯治場として知られた八甲田随一の名湯。酸ヶ湯温泉旅館は、長逗留《ながとうりゅう》できる湯治部の客室が観光部よりも多く、湯治文化の伝統を守り続ける大規模な一軒宿だ。名物は混浴の総ヒバ造りの千人風呂（女性専用時間あり）で、足元湧出泉の熱の湯、四分六分の湯などを備える文化財級の浴場棟。ほかに、男女別小浴場の玉の湯もある。

赤倉岳
標高1548m

コースタイム→山頂公園駅から赤倉岳まで2時間10分・赤倉岳から酸ヶ湯温泉まで2時間30分◆山麓駅まで、鉄道／東北新幹線新青森駅東口からバス約1時間ロープウェー駅前下車（山麓駅→10分→山頂公園駅）、車／東北自動車道黒石ICまたは青森自動車道青森中央ICから約40分

難易度 ★★☆

酸ヶ湯温泉

酸ヶ湯温泉旅館☎017-738-6400、日帰り入浴1000円（7:00～18:00）◆泉質＝酸性・含鉄・硫黄ーアルミニウムー硫酸塩・塩化物泉◆源泉温度＝50.0度（熱湯）◆下山口にある

高田《たかだ》大岳《おおだけ》と谷地《やち》温泉

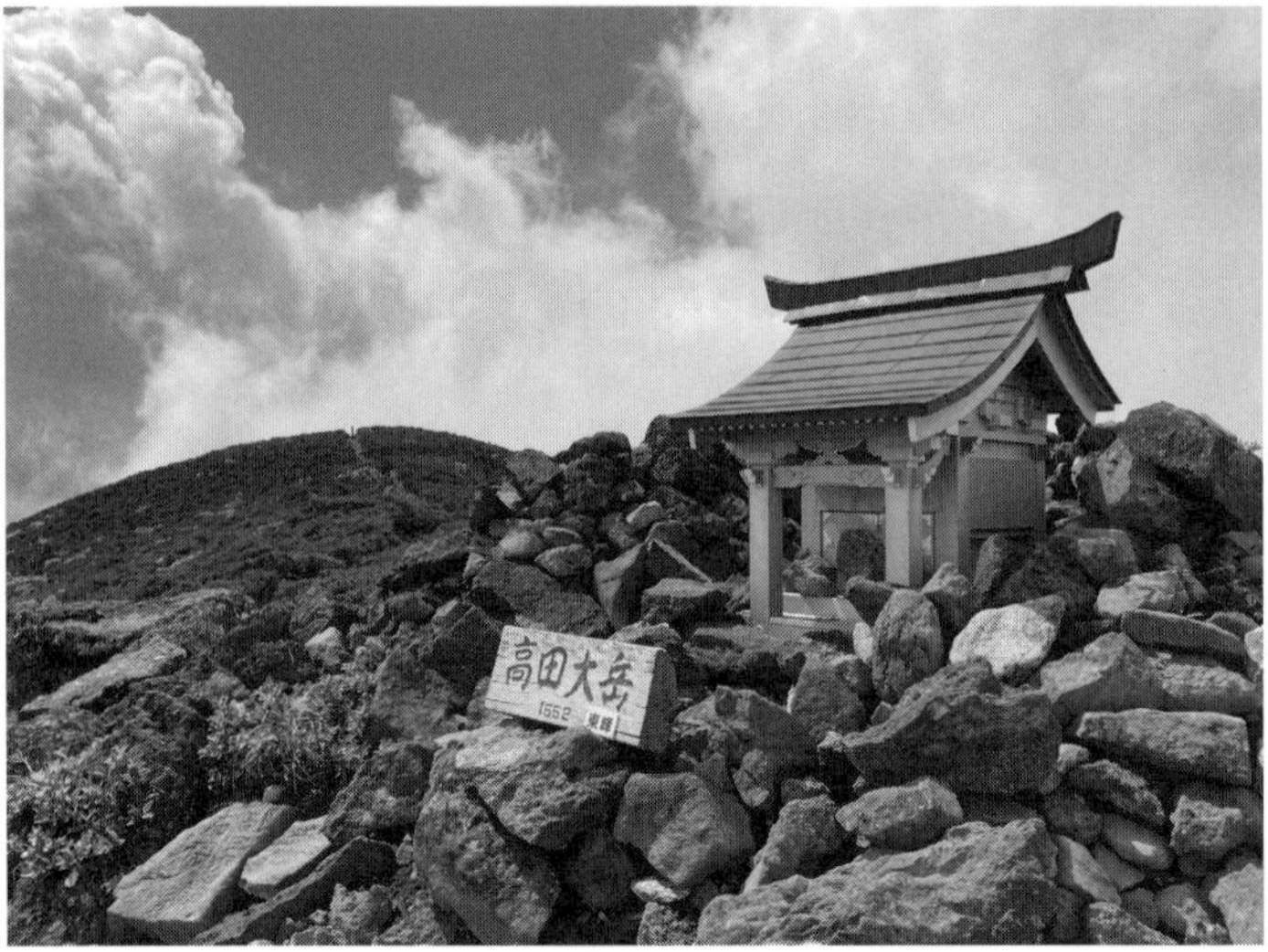

かつては高田大岳の山頂とされていた八甲田山神社を祀る東峰から現在の山頂を望む

高田大岳　標高1559m

コースタイム→酸ヶ湯温泉上の登山口から高田大岳まで登り3時間10分・下り2時間40分◆登山口まで、鉄道／東北新幹線新青森駅東口からバス約1時間10分酸ヶ湯温泉下車徒歩約5分、車／東北自動車道黒石ICから約40分

難易度 ★★☆

谷地温泉

谷地温泉☎0176-74-1181、日帰り入浴800円（10:00 ～ 16:00受付終了）◆泉質＝単純硫黄温泉◆源泉温度＝37.4度（1号泉）◆下山口にある（バス停まで徒歩約7分）

谷地温泉の足元湧出泉「下の湯」（手前）

堂々たる円錐形の八甲田山第2位の孤峰

八甲田山の最高峰は標高1585mの大岳で、第2位が標高1559mの高田大岳である。その山容は堂々たる円錐形で、「日本百名山」完登の際に登った大岳から眺望して以来、いつか登ってみたいと願っていた。

前日の赤倉岳登山ではしたたか雨に打たれたが、翌7月4日は予報通りの晴天に恵まれた。みちのく深沢温泉に連泊して、登山口の酸ヶ湯《すかゆ》温泉上の駐車場前にある登山口を8時45分に出発。地獄湯沢を経て仙人岱《せんにんたい》には10時30分着。ここで休憩を取り、5分先の小岳分岐から高田大岳へのルートに入った。久々の晴天とあって登山者の姿は多かったが、そのすべてが大岳に向かい、高田大岳を目指す人は皆無だった。

小岳の急登を45分かけて登り、好展望地の小岳山頂で携行食を摂って小休止。小岳からの下りと鞍部《あんぶ》は雪解け水でぬかるんでおり、鞍部の登山道は池状態になっていて難渋した。高田大岳への急登はなかなか手ごわく、小岳から2時間かけて13時30分に高田大岳に登頂。コースタイムより40分多くかかったが、私にしては休憩込みなので上出来である。登り着いた山頂は２０２０年に移動されたもので、旧来の山頂は１００mほど離れた東峰だった。そこには22年秋に再建された立派な八甲田山神社が祀られている。

ここから谷地温泉までは急傾斜の登山道をコースタイムで2時間下る。整備状態も良好とはいえず、この時期は大変なぬかるみの道になると聞いていた。谷地温泉バス停から酸ヶ湯温泉に戻る便は午後は16時10分しかないことは前日に確認済みだ。いまから下っても谷地温泉の入浴もできず、バスに間に合わない恐れがある。往路を引き返すことを決断し、14時15分に高田大岳に別れを告げた。酸ヶ湯温泉上の駐車場に戻ったのは18時を回っていた。

谷地温泉に下るには、高田大岳を13時には発って谷地温泉で一浴してバスに乗るか、谷地温泉に1泊するプランが賢明だろう。

（23年7月4日初訪、単独行）

「日本三秘湯」とも言われる足元湧出泉の名湯

八甲田は足元湧出泉の宝庫で、酸ヶ湯温泉と蔦温泉、そしてこの谷地温泉がある。谷地温泉バス停からは徒歩7分の奥まった場所にあり、三湯の中ではもっとも鄙《ひな》びた風情の木造一軒宿だ。「日本三秘湯」の看板が掛かる宿の前からは高田大岳も望める。風呂は古風な木造の湯船が2つ並び、1つはぬるめの足元湧出泉下の湯、もう1つは白濁泉の上の湯で、いずれも源泉かけ流しだ。

小岳と高田大岳の鞍部から仰ぎ見た高田大岳

八幡平《はちまんたい》と藤七《とうしち》温泉

八幡平のたおやかな高原美を満喫する逍遥《しょうよう》コース

　前作では秋田県側の蒸ノ湯《ふけのゆ》温泉から八幡平山頂を目指すコースを歩いたが、今回は岩手県側からファミリーでも容易に楽しめる高原散策コースを選んだ。23年7月22日早朝、岩手との県境登山口に向かった。八幡平頂上行きの路線バスは秋田県側が運休、盛岡駅からも1本だけの季節運行（6月1日〜10月15日）しかなく、公共交通で到達するには著しく不便になってしまった。

　この県境登山口の駐車場で、地元岩手県在住の遠藤香織さんと待ち合わせた。彼女は温泉の達人だが、登山とは無縁の湯友。ならば、山歩きデビューは初心者には絶好のステージである八幡平で、というわけだ。それに、登山口とした黒谷地《くろやち》へのバスは八幡平頂上11時5分発しかなく（23年度）、車2台あれば1台をデポ*し、もう1台で黒谷地登山口まで移動できるので、大変助かる。

　黒谷地を9時10分に出発。登山口から周囲はニッコウキスゲの花盛りだ。ここから八幡平山頂まで、途中のピークは源太森《げんたもり》1つ、距離も3km余りしかなく、ほとんどが緩やかな勾配の高原散策である。

　源太森には10時に到着。ここからは八幡平の広大な高原風景と八幡沼が一望できる。源太森を下った先は、池塘《ちとう》が点在する高原の中に一筋の木道が山頂へと続く。途中、雪解け時には〝八幡平ドラゴンアイ〟で知られる八幡沼に寄り道。展望所のベンチは、ここまで脚を延ばした観光客で大にぎわいだった。

　山頂部の周回路に合流し、八幡平山頂の展望台には11時30分に着いた。ここから山頂登山口まで下り15分。正味2時間ほど歩いただけの、のんびり高原逍遥《しょうよう》だった。遠藤さんは思いのほか健脚で、これならも

コース途中唯一のピーク、源太森からの眺望

＊デポ…荷物を登山ルートの途中に置いておくこと。車やバイクなどを駐車しておく場合にも使う。

池塘が点在する八幡沼付近の高原風景。シーズンには木道脇を高山植物の花が彩る

う1時間長い茶臼岳《ちゃうすだけ》からでも余裕で踏破しただろう。

藤七温泉は、県境部から八幡平樹海ラインを下った2km先にある。

（日本百名山、23年7月22日再訪、同行1名）

東北最高所の標高1400mに湧く八幡平の名湯

藤七温泉は、標高1400mに位置する東北随一の山岳温泉。かつては濃霧の日に鐘を打ち鳴らして八幡平を訪れる登山者の命を救ったという歴史もある。宿は彩雲荘1軒のみ。自慢の自然湧出泉は湯量も豊富で、男女別の木造り浴槽の内湯、混浴5・女性専用1の露天風呂が日帰り可能。ほかにも宿泊客専用の露天風呂が男女別にある。営業期間は4月下旬～10月下旬の半年間。

八幡平　標高1613m

コースタイム→黒谷地登山口から源太森を経て八幡平山頂まで約2時間30分、八幡平山頂から藤七温泉まで徒歩約45分◆黒谷地バス停まで、鉄道／東北新幹線盛岡駅から2時間、車／東北自動車道松尾八幡平ICから約40分（県境登山口からバス5分）

難易度★☆☆

藤七温泉

彩雲荘☎090-1495-0950、日帰り入浴650円（8:00 ～ 17:00）◆泉質＝単純硫黄温泉◆源泉温度=87.0度◆県境下山口から徒歩約25分（盛岡駅行きバスは15時04分発）

ワイルドな藤七温泉・彩雲荘の露天風呂

源《げん》太《た》ヶ《が》岳《だけ》と松《まつ》川《かわ》温泉

岩手山と裏岩手の稜線の眺望満喫コース

源太ヶ岳は、松川温泉から登ると裏岩手縦走路に合流する手前のピークだ。健脚者はそのまま裏岩手縦走路に合流し、大深岳《おおぶかだけ》から三ツ石山《みついしさん》へと縦走して松川温泉に下る周遊コースを歩く人が多いようだ。紅葉シーズンの三ツ石山は大人気だが、静かな山歩きが楽しめる源太ヶ岳のほうを好む登山者も少なくない。

紅葉終盤の10月12日、松川温泉の公共駐車場の混雑を予想して5時過ぎに着いたが、まだ数台しかいなかった。駐車しているのはたぶん車中泊の人だろう。

源太ヶ岳登山口は峡雲荘《きょううんそう》から徒歩5分ほどの八幡平樹海ライン沿いにある。登山道に入ってすぐに林道に出て、その奥の鉄塔が立つ地点で再び登山道に入る。ブナの森の中を登り、水場から約40分先の大深山荘への分岐点から源太ヶ岳への急登が始まる。視界が急に開け、眼下に松川地熱発電所の湯煙が立ち昇る樹海や、岩手山が雄姿を見せる。源太ヶ岳登山の感動的な瞬間だ。

源太ヶ岳の山頂標示は、ピークのすぐ下の展望地に立っていた。ここで、地元滝沢市在住の清水さんが追いついた。本日、初めて会った登山者だった。やはり、源太ヶ岳に登るのだけが目的だという。三ツ石山から縦走してきたという登山者とおふたりでモデルになってもらい、岩手山から大松倉山《おおまつくらやま》、三ツ石山へと連なる裏岩手の山並みを眺望している写真を撮影させていただく。前日に

登山口近くの松川温泉・峡雲荘の混浴露天風呂

源太ヶ岳の登りから岩手山と樹海を望む

標高1545mの源太ヶ岳だが、岩手山から三ツ石山にかけての大パノラマが広がる

登った黒倉山《くろくらやま》もしっかりと視認できた。
時間的に余裕があったので、清水さんと大深岳までの稜線散歩とランチも共に楽しみ、源太ヶ岳を13時10分に出発。途中の水場で小休止して、松川温泉には15時15分に帰還した。
（23年10月12日初訪、単独行）

松川渓谷の上流部に湧く白濁する硫黄泉

八幡平樹海ラインの起点付近にある松川温泉は、すぐ奥にある日本第1号の松川地熱発電所と松川渓谷の紅葉美で知られる。宿は源太ヶ岳登山口にある峡雲荘と三ツ石山登山口にある松川荘の2軒あり、湯は白濁する単純硫黄泉だ。路線バスの終点で源太ヶ岳登山口に近い峡雲荘には男女別内湯と、混浴と女性専用露天風呂があり、日帰り入浴も受け付けている。

源太ヶ岳
標高1545m

コースタイム→松川温泉登山口から登り2時間50分・下り2時間10分◆登山口まで、鉄道／東北新幹線盛岡駅からバス1時間50分、松川温泉下車徒歩5分◆車／東北自動車道松尾八幡平ICから約30分の公共駐車場から徒歩約10分

難易度 ★★☆

松川温泉

峡雲荘☎0195-78-2256、日帰り入浴700円（8:30～19:00、休館日はHPで要確認）◆泉質＝単純硫黄泉◆源泉温度=54.7度（新駒鳥の湯）◆下山口から徒歩約5分

目前に岩手山から鬼ケ城を望む黒倉山の山頂

犬倉山からリフト上部と秋田県境方面の展望

黒倉山《くろくらやま》と網張《あみはり》温泉

期間限定の登山リフトを利用して登る展望台の山

黒倉山は岩手山から派生する尾根上の1峰で、岩手山や周辺の山々の展望台的な位置にある。この山に登るのに利用したいのが、網張高原からの登山リフト（例年第3リフトまでは7月〜10月中旬の土日祝・紅葉期は毎日運行。事前に休暇村岩手網張温泉に要確認）。3基を乗り継ぎ、第3リフト最上部まで約40分、下から登山道を登るよりも1時間以上も短縮できる。

7時30分発のリフトに乗り、3基乗り継いで9時8分に終点着。すぐ上の尾根の右前方に展望台があり、ここまでは観光客も登ってくる。そこから約30分で犬倉山《いぬくらやま》。展望良好で、白煙を上げる網張温泉の泉源地も覗き見えた。

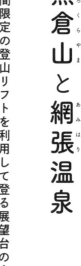

この日、同行いただいたのは休暇村岩手網張温泉の竹内貴祐総支配人。なんと長靴姿だったが、歩き始めてその理由がわかった。犬倉山から姥倉山《うばくらやま》の分岐にかけては灌木帯で、雪解け後や雨上がりはぬかるみの道になるからだ。

姥倉山の分岐まで登ると、尾根上は土と岩が露出した広々とした登山道になる。視界も開け、正面に黒倉山、背後に岩手山と鬼《おに》ケ城《がじょう》の岩峰を望みながらの快適な漫歩コースだ。いったん鞍部《あんぶ》まで下り、そこから10分ほど急登して11時50分に黒倉山に登頂した。目前に迫る岩手山には17年6月30日、カンカン照りの猛暑の中で登った記憶が蘇った。振り返ると、大松倉山から三ツ石山、八幡平へと続く山並みが広がり、翌日に登山予定の源太ヶ岳も視認できた。湯気が立ち昇る黒倉山の山頂でも、直に地熱を実感した。
（23年10月11日初訪、同行1名）

開湯千三百年余の歴史を誇る白濁の名湯

網張温泉は、藩政時代に入場厳禁の網を張ったのが温泉名の由来。約2㎞離れた山腹から明治初期に現在地に引湯されて湯治場として栄えたが、その後荒廃。1965（昭和40）年に復活した。宿は休暇村岩手網張温泉1軒のみだが、日帰り専用の別館もあり、本館内に2ヶ所ある浴場や徒歩約10分の谷間の露天風呂仙女の湯で、白濁する硫黄泉が堪能できる。

網張温泉・休暇村岩手網張温泉の露天風呂

黒倉山 標高1570m

コースタイム→網張高原から登山リフト40分後、登り2時間・下り1時間30分◆網張高原のリフト乗り場まで、鉄道／東北新幹線雫石駅からタクシー約20分、車／東北自動車道盛岡ICから約30分

難易度 ★☆☆

網張温泉

休暇村岩手網張温泉☎019-693-2211、日帰り入浴800円（10:00～14:00受付）、網張温泉館600円（9:00～17:00、土日祝～18:00）◆泉質＝単純硫黄温泉◆源泉温度=72.9度◆リフト乗り場から徒歩約2分

姥倉山の分岐から、左から黒倉山、岩手山、鬼ケ城を望む広々とした尾根道を行く

経塚山《きょうづかやま》と夏油《げとう》温泉

360度のパノラマが楽しめる経塚山の山頂。古びた石祠が霊峰の歴史を伝える

夏油温泉から登る焼石《やけいし》連峰北東部の霊峰

焼石連峰の北東部に位置する経塚山は、慈覚大師《じかくだいし》ゆかりの山とも藤原秀衡《ふじわらのひでひら》の納経所だったとも伝わるが、定かではない。しかし、その山名から誰かが経を納めた霊峰であることは想像できる。

この山には03年9月、ガスに包まれた山頂に一度登った。前作『温泉百名山』に取り上げるつもりでいたが、夏油川に架かる橋が通行不能になっていたため断念。夏油三山のうちの牛形山《うしがたやま》を選んだ経緯もあり、続編ではぜひにと思っていた。橋の復旧情報をつかみ、23年夏の北東北・北海道遠征の最後の山として再訪した。

経塚山　標高1372m

コースタイム→夏油温泉登山口から登り4時間40分・下り3時間30分◆登山口まで、鉄道／東北新幹線北上駅からタクシー約50分、車／秋田自動車道北上西ICから約40分

難易度★★★

夏油温泉

元湯夏油☎090-5834-5151、日帰り入浴700円（10:00～15:00、5月10日頃～11月10日頃の営業）◆泉質＝ナトリウム・カルシウム－塩化物温泉◆源泉温度=59.7度（大湯）ほか◆下山口にある

夏油温泉・元湯夏油の足元湧出泉「疝気の湯」

夏油温泉登山口で、地元北上市《きたかみし》在住の平藤明君と待ち合わせていた。彼とは19年7月に焼石岳《やけいしだけ》の山頂で出会い、その後親交を温めていたが、山行を共にするのは初めてである。

登山口を8時に出発したが、これは甘かった。遅くとも7時には出発するべきだった。林道から夏油川へ下る地点手前で車1台の路駐を見て、これも後悔した。ここまで車で入れれば往復2時間は短縮できたからだ。

新しく架けられた真っ赤な経塚橋《きょうづかばし》を9時20分に渡り、河原に降りて小休止後、補助ロープを頼りに垂直の岩壁をよじ登る。それから尾根道に出るまで一汗かいた。長旅の疲労がたまった足がやけに重く、暑さもこたえたが、風が通る尾根や水場、七合目の「お坪の庭」では風穴の冷風に生き返る思いだった。

九合目からの「↓経塚山0・2km」が遠かった。あれは誤りだとボヤキながら、ようやく14時35分に登頂。途中の休憩1時間35分込みで6時間35分を要したが、それだけに山頂からの眺望は感無量だった。

15時に下山開始。林道歩きが辛く、疲労困憊して登山口に帰還したのが日没直前の18時35分。この夜は夏油温泉観光ホテルに泊まったが、ことのほかこの日は温泉のありがたさと冷えたビールが沁《し》みた。

(23年7月25日再訪、同行1名)

経塚山の北麓に湧く名湯の誉れ高い秘湯

夏油温泉は江戸時代の温泉番付で東の大関にランクされたほど、名湯の誉れが高かった古湯である。今でも半年しか営業できない豪雪地帯の厳しい自然環境は変わらず、秘湯ファンの熱い支持を得ている。ただし、現在営業している宿は、夏油温泉観光ホテルが24年度から休業してしまったので、足元湧出の露天風呂が人気の元湯夏油1軒のみ。元湯夏油の日帰り入浴が14時受付終了なので、下山後に入浴するには夜明けとともに登山口を出発することが必須になりそうだ。

九合目からの登りがやけに長くて辛かった

焼石《やけいし》岳《だけ》と焼石《やけいし》岳《だけ》温泉

ブナ林と湖沼と高山植物に魅了される連峰

岩手県奥州市《おうしゅうし》の西方にそびえる山塊が、1000mを超す峰が14座連なる焼石連峰である。栗駒国定公園に含まれる複雑な地形をした火山群で、登山ルート沿いにはブナの美林、湖沼と湿原が点在する。雪解け後は一斉に高山植物の花が咲き競い、訪れる登山者を魅了している。

焼石連峰には前作の選定登山の際、19年7月に北麓の錦秋湖《きんしゅうこ》側から南本内《みなみほんない》コースを登ったのが初訪だ。このときの山頂で、のちに経塚山《きょうづかやま》（前頁）と月山《がっさん》（54頁）に同行することになる北上市在住の平藤君と出会って交歓したことが懐かしく思い出される。

次に登ったのは21年8月。もっとも登山者が多い奥州市側の中沼コースから入山した。中沼登山口へは、奥州市と秋田県とを結ぶ国道397号の尿前《しとまえ》渓谷橋たもとから尿前林道に入って約20分。かなりの悪路だ。

登山口からブナ林、続いて中沼、上沼沿いを歩き、次第に登り坂になってつぶ沼コースを合わせると、まもなくレストポイントの銀明水《ぎんめいすい》。上部には避難小屋もある。沢沿いを詰めていき、広々とした台地に出たところが姥石平。正面に最高峰の焼石岳を望み、すぐ上にある泉水沼にはベンチも置かれている。

ここから山頂までの斜面は素晴らしいフラワーロードだった。焼石岳はその名の通り、焼け石が散らばった丘のような山頂だ。この日はガスっていたが、焼石連峰の全貌や、快晴ならば栗駒山、岩手山、早池峰《はやちね》山《さん》、鳥海山《ちょうかいさん》や月山などの東北の名山も視界に入るという。ガスが多くて遠望はきかなかったが、その代わりに登山道脇はまさに百花繚乱。ハクサンイチゲ、ハクサンフウロ、ハクサンシャジンなどのハクサンを冠

高山植物が咲き競う焼石岳直下の登り

焼石岳を目前に仰ぎ見る姥石平。ここで東焼石岳へと向かうルートが分岐する

する花が多く見られた。撮影時間に多くの時間を費やしたので、コースタイム3時間30分を5時間かけての登頂だった。

（日本二百名山、21年8月3日再訪、単独行）

焼石岳下山後に立ち寄るのに絶好の温泉

中沼登山口入口から約5㎞水沢寄りにあるのが、宿泊もできる焼石クアパークひめかゆだ。日帰り客主体の温泉施設で、風呂は源泉と泉質が異なる浴場が2ヶ所あり、一方は男女別内湯と露天風呂の石渕の湯、もう一方に電気風呂とサウナ付き大浴場天沢の湯があり、料金は別払い。日帰りで昼食＋入浴＋宴会を楽しむ、地元の人の憩いの場となっているようだ。

焼石岳　標高1547m

コースタイム→中沼登山口から登り3時間30分・下り2時間30分◆中沼登山口まで、鉄道／JR東北本線水沢駅からタクシーで約50分、車／東北自動車道水沢ICから約1時間

難易度 ★★☆

焼石岳温泉

焼石クアパークひめかゆ☎0197-49-2006、日帰り入浴700円（10:00～21:00、水曜休）◆泉質＝含硫黄ーナトリウムー塩化物温泉◆源泉温度=64.7度（石渕の湯）◆下山口から車で約30分

ひめかゆの「石渕の湯」の快適な内湯

森吉山《もりよしざん》と打当《うっとう》温泉

ゴンドラ利用で手軽に登れる秋田県中央部の名山

秋田県中央部にそびえる森吉山は、かつては北前船《きたまえぶね》が位置確認の目印にした山といわれ、秋田県民が親しみを込めて「秋田山」とも呼ぶ「ふるさとの山」だ。熊の生息地で、山麓の集落はマタギの里としても知られている。

1970年代はまだ秘境の地だった森吉山も、今や開発が進み、「花の名山」として多くの登山者に愛される山となった。夏期にも運行される阿仁《あに》ゴンドラを利用すれば、初級者や年配の人でも容易に山頂に立てるのが魅力だ。

前作の選定登山時はこめつが山荘からの往復登山だったが、今回は阿仁ゴンドラを利用したお手軽なハイキングを楽しむことにした。阿仁ゴンドラの山麓駅には公共交通を利用する場合、秋田内陸縦貫鉄道の阿仁合《あにあい》駅から森吉山周遊乗合タクシーの利用が便利。山麓駅から17分所要の山頂駅に11時15分着。そこから約30分の登りで、こめつが山荘からの登山道に合流する。ここには展望台の小ピークがあり、正面に森吉山、反対方向には秋田駒ヶ岳方面の大展望が広がるので、ここまで登って来る観光客の姿も多く見られた。

合流点からいったん下り、それからは緩やかな登りで、トイレもある森吉山阿仁避難小屋前のベンチで20分の給水と軽食タイム。シーズンにはお花畑になる稚児平《ちごだいら》を経て、12時55分に森吉山に登頂。信仰の歴史を伝える石仏が祀られ

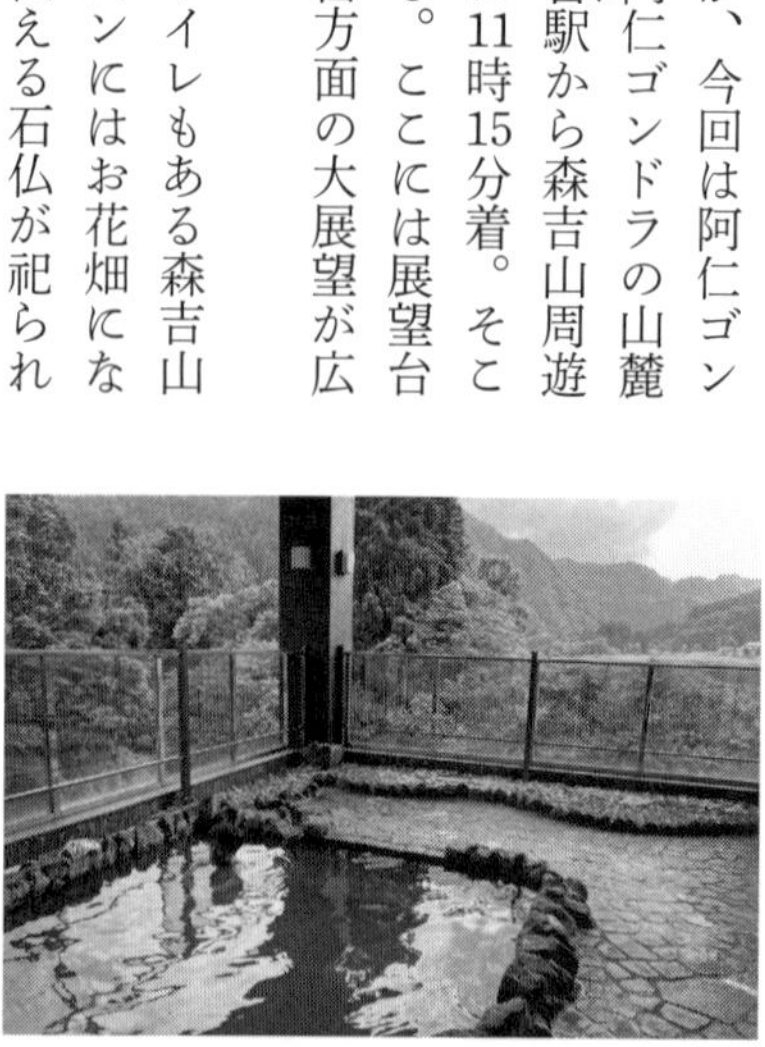

打当温泉マタギの湯の半露天風呂

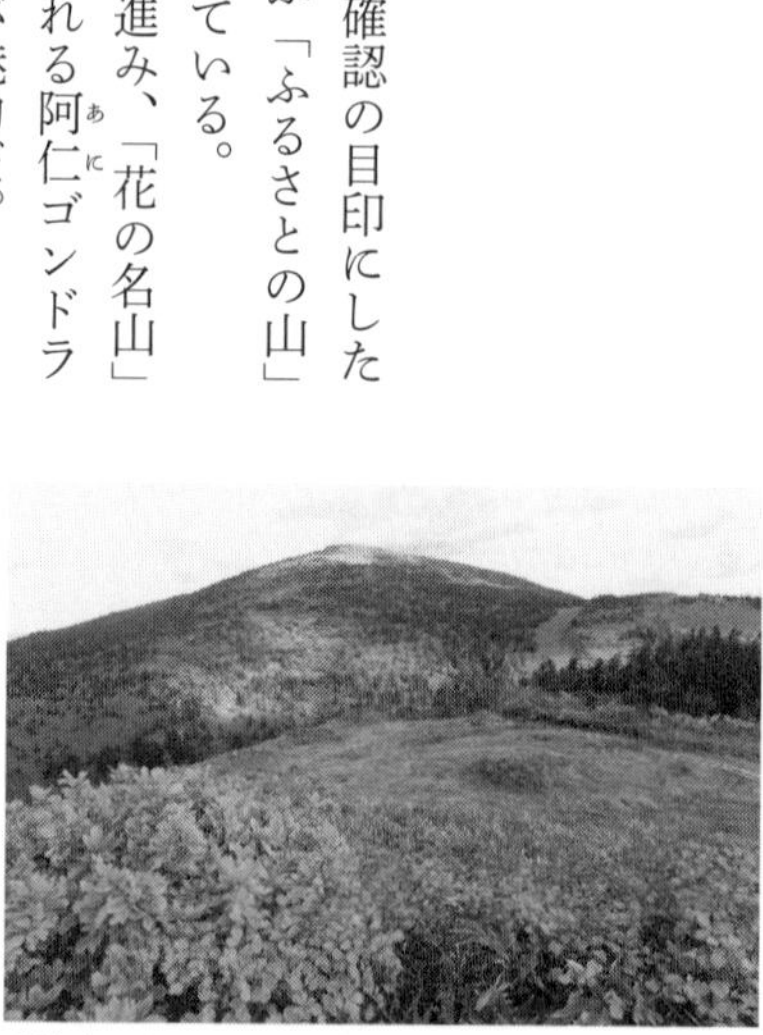

合流点の小ピークから森吉山を望む

展望抜群の森吉山山頂。快晴の日なら鳥海山、秋田駒ヶ岳、田沢湖、日本海も望める

た山頂は３６０度のパノラマ台だ。まずまずの好天ということもあり、多くの登山者でにぎわっていた。

なお、下山後の一浴は、車の場合は打当温泉を推奨するが、鉄道利用の場合は阿仁前田駅構内の温泉施設が便利だ。

（日本二百名山、23年10月13日再訪、単独行）

森吉山東麓のマタギの里にある温泉施設

熊やカモシカの狩猟を生業《なりわい》としていたのがマタギと呼ばれる人々。その中心の打当集落に建設されたのが打当温泉マタギの湯で、マタギ資料館も併設。立派な建物の宿泊施設で、日帰り入浴客も多い。風呂は男女別にサウナ付き大浴場と半露天風呂、貸切家族風呂も備えている。半露天風呂の熊の湯口が可愛い。レスランの人気メニューは熊鍋と熊肉ラーメン。

森吉山
標高1454m

コースタイム→阿仁ゴンドラ山頂駅から登り1時間15分・下り1時間◆阿仁ゴンドラ山麓駅まで、鉄道／秋田内陸縦貫鉄道阿仁合駅から乗合タクシーで約25分（阿仁タクシー☎0186-82-3115に1時間前までに要予約）、車／東北自動車道盛岡ICから約1時間30分

難易度 ★☆☆

打当温泉

打当温泉マタギの湯☎0186-84-2612、日帰り入浴600円（9:00～22:00・冬期9:00～21:00、水曜休）◆泉質＝ナトリウム・カルシウムー塩化物温泉◆源泉温度＝54.9度◆阿仁ゴンドラ山麓駅から車で約40分

岩屑を撒き散らしたかのような乳頭山の山頂から秋田駒ヶ岳と田沢湖方面を眺望

乳頭山《にゅうとうざん》と乳頭温泉郷《にゅうとうおんせんきょう》

秋田・岩手県境に屹立《きつりつ》する眺望絶佳の鋭峰

乳頭山は、岩手県側からは烏帽子岳《えぼしだけ》（国土地理院の地図ではこちらを採用）、秋田県側からは乳頭山と呼ばれる。ただし、山頂標示には乳頭山しかない。

乳頭山へは、路線バス終点付近からの蟹場《がにば》コース、孫《まご》六《ろく》温泉からの孫六コース、黒湯《くろゆ》温泉からの黒湯コース、そして鶴の湯温泉から大白森経由の計4本の登山道がある。ここでは変化に富む蟹場コースを歩く。

大釜《おおがま》温泉上の登山口から入るとまもなく蟹場温泉からの道も合わせ、さらに急登約1時間で大白森からの登山道も合流する。岩がゴロゴロした歩きにくい登り坂を詰

乳頭山　標高1478m

コースタイム→登山口から登り3時間10分・黒湯コース経由下り2時間10分◆登山口まで、鉄道／秋田新幹線田沢湖駅前からバス47分乳頭温泉または48分乳頭蟹場温泉下車、車／東北自動車道盛岡ICから約1時間30分

難易度 ★★☆

乳頭温泉郷

大釜温泉☎0187-46-2438、日帰り入浴700円（9:00～16:30）◆泉質などは本文参照／蟹場温泉☎0187-46-2021、日帰り入浴800円（9:00～16:00）◆泉質などは本文参照

森に臨む大釜温泉の露天風呂（男湯）

め、ブナ林を抜け出すと、初夏には木道の両側に高山植物が咲き競う田代平《たしろたい》だ。あたかも天上の楽園の趣。孫六コースの道を合わせると、すぐに田代平避難小屋が現れる。小屋前の池から眺める乳頭山が美しい。

やがて笹や灌木の間を行く急勾配の道になり、黒湯コースが合流すると、最後の急登。断崖絶壁を見上げると、まもなく岩屑を撒き散らしたかのような眺望抜群の乳頭山の山頂に立つ。北に岩手山を中心とした岩手県側の山並み、南に秋田駒ヶ岳と田沢湖、西には森吉山方面のパノラマが広がっている。

乳頭山からは黒湯コースを下山する。秋田駒ヶ岳を正面に眺めながらの急下降で、露出した赤土の部分は濡れているとかなりてこずる。沢沿いの樹林帯に入ると、まもなく野湯ファンには人気の一本松温泉跡「たつ子の湯」がある。沢を橋で渡った先の対岸に激しく噴煙を上げるガレ場*が見えるが、そこは妙乃湯《たえのゆ》や大釜温泉の泉源地帯だ。そこを過ぎるとまもなく、黒湯温泉の下に出る。（日本三百名山、23年7月24日再訪、単独行）

源泉の異なる7湯がブナ林に点在する人気抜群の温泉郷

下から鶴の湯、休暇村乳頭温泉郷、妙乃湯、大釜、蟹場、孫六、黒湯のいずれも源泉が異なる一軒宿の7湯（鶴の湯は別館もあり、孫六は休業中）が、乳頭山の西麓に点在する温泉郷。どの温泉も乳頭山登山の基点にできるが、ここでは蟹場コースの登山口に至近の大釜温泉と蟹場温泉を案内する。

大釜温泉には男女別の大浴場と露天風呂があり、自然湧出の自家源泉かけ流し（泉質＝含鉄－単純酸性泉、源泉温度＝94・2度）だ。蟹場温泉には館内に男女別内湯と女性専用露天風呂、50ｍほど離れた沢沿いに混浴の露天風呂があり、ここも自然湧出の単純温泉と単純硫黄温泉の2種類の自家源泉かけ流し（泉質＝単純温泉ほか、源泉温度＝42・9度ほか）である。

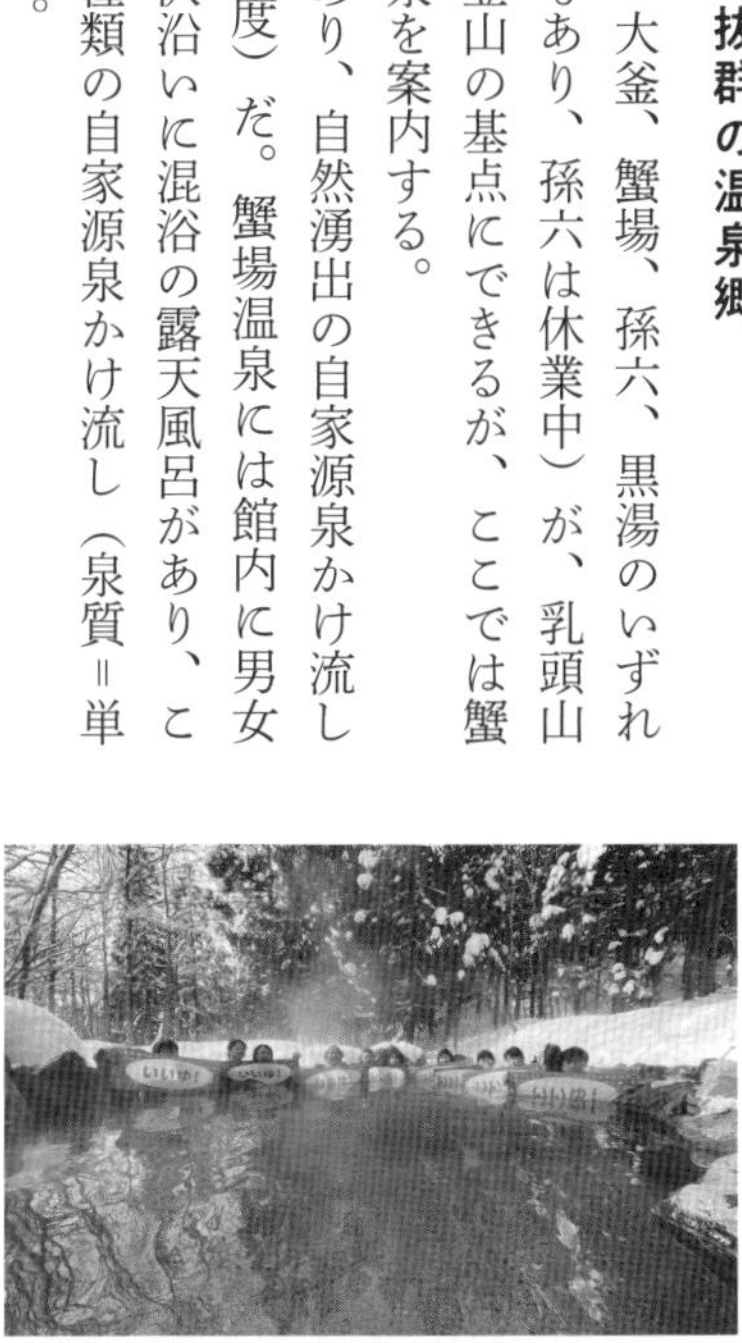

雪見風呂が最高の蟹場温泉の混浴露天風呂

＊ガレ場…石や岩が堆積して歩きにくい斜面や山腹のこと。

男岳の登りからミヤマダイコンソウと女岳

阿弥陀池へと続く木道沿いもお花畑

秋田《あきた》駒《こま》ヶ《が》岳《たけ》と駒《こま》ヶ《が》岳《たけ》温泉

百花繚乱の高山植物が魅了する「花の名山」

秋田駒ヶ岳ほど容易に登れて、しかも登山者を魅了してやまない山は希少である。それは秋田県側からだと駒ヶ岳八合目まで路線バスが運行（季節運転、羽後《うご》交通田沢湖営業所☎０１８７・４３・１５１１に要確認）していて、そこから１時間40分程度で最高峰に立てるからだ。しかも山域は複雑な火山地形の「花の名山」で、訪ね歩きたい魅力的なルートが何本もある。

私はこの山が大好きで、いままでに７回登っている。８回目は23年７月１日に大学時代の先輩と同期の女性４名の案内役を買って出たが、悪天候のため途中の片倉岳であえなく撤退。その下山途中、偶然にも大学の後輩で八甲田山と岩木山に一緒に登った渡辺直樹君、さらに八合目でリスペクトする山岳看護師&山岳ガイドで団体を案内中の熊谷久美子さんと遭遇。花のシーズンとはいえ、両人とも小雨の中の登頂を諦めていないのには驚いた。

秋田駒ヶ岳はどういうわけか相性が良くない。晴天に恵まれたのは半分もないが、もっとも好天だったのは19年７月３日。この日は未明に出発して、こめつが山荘から森吉山を往復したあと、脱兎のごとく田沢湖高原温泉に移動。12時台のバスに飛び乗って駒ヶ岳八合目へ。片倉岳から阿弥陀池《あみだいけ》と高山植物の花を楽しみ、最高峰の男女岳《おなめだけ》（女目岳）と対峙する男岳《おだけ》にも登ったが、時間的に

余裕はなく、慌ただしく下山。なんとか最終バスに間に合った。掲載写真はそのときに撮影したものである。

（日本二百名山、23年7月1日再訪・途中で撤退、同行4名）

水沢温泉郷の外れの森の中にある一軒宿の秘湯

秋田駒ヶ岳と組むのは田沢湖高原温泉か乳頭温泉郷が妥当なところだが、温泉名を見れば駒ヶ岳温泉も十分に資格がある。水沢温泉郷から1㎞ほど入った森の中の一軒宿だが、その自然環境と温泉が素晴らしく、男女別の大浴場と露天風呂があるほか、宿泊客専用の2ヶ所の貸切露天風呂も秀逸。宿泊客には姉妹館の鶴の湯温泉に入浴できる送迎サービスも好評だ。

沢沿いにある駒ヶ岳温泉の露天風呂（男湯）

秋田駒ケ岳　標高1637m

コースタイム→八合目から最高峰まで登り1時間40分・下り1時間15分◆八合目まで、鉄道／秋田新幹線田沢湖駅前からバス約1時間、車／東北自動車道盛岡ICから約1時間のアルパこまくさからバス25分

難易度 ★☆☆

駒ヶ岳温泉

駒ヶ岳温泉☎0187-46-2688、日帰り入浴700円（9:00～19:00・水曜16:00～）◆泉質＝カルシウム・マグネシウム・ナトリウム－硫酸塩・炭酸水素塩温泉◆源泉温度=52.0度◆休養センター前バス停から徒歩約12分

男岳から阿弥陀池を眼下に男女岳方面の眺望。右手は馬の背から横岳方面

栗駒山《くりこまやま》と新湯《しんゆ》温泉

宮城・岩手・秋田の3県にまたがる東北中央部の名峰

前作では、岩手・秋田の県境部に湧く名湯・須川《すかわ》温泉からのコースを取り上げたが、今回は宮城県側の登山口いわかがみ平からのコースを選んだ。このコースで2回登ったことがあり、他に先駆けて9月中旬から山腹を真っ赤に染める紅葉美の印象がいまだに鮮明に記憶されている。

23年9月16日未明、滞在先の東鳴子《ひがしなるこ》温泉から湯友&山友の柴田君と向かったが、いわかがみ平から上はガスに包まれ、なにやら雨模様。この日はやむなく撤退し、1日おいた18日に単独でリベンジした。

いわかがみ平からの登山道は、直接山頂を目指す中央コースと東栗駒コースの二手に分かれる。東栗駒コースには滑滝《なめたき》の岩盤を通る箇所があり、下りは滑落の危険があるとの理由で登りが推奨されていたが、私は天候を考慮して、先に登頂する中央コースを採った。しばらくは石畳道の登りで、正面に栗駒山を望む地点からは幅広の快適な登山道になる。山頂が近づく急登の斜面が紅葉の名所だ。途中で東栗駒コースが合流すると、まもなく山頂だ。大展望が広がっているはずだが、私はまだ遠望がきく快晴の日に登ったことがない。

復路は東栗駒コースを下った。こちらは栗駒山の展望コースで、快適な山歩きが満喫できる。東栗駒山で栗駒山の全貌を眺めたあとは急下降となり、滑滝の岩盤を慎重に下っていわかがみ平に戻った。

なお、紅葉シーズンの9月中旬〜10月中旬は通行規制が実施され、いわかがみ平の3・5km手前の駐車場からシャトルバスを利用しないと登山口にもたどり着けないので要注意だ。また、この期間中には、JR東

神社と大きな標柱が立つ広場状の栗駒山山頂

東栗駒山から見た栗駒山。秋には宮城県側の斜面を真っ赤に染める紅葉美が圧巻だ

北本線石越《いしこし》駅始発、東北新幹線くりこま高原駅経由の臨時バス「栗駒山紅葉号」（土日祝に1日1往復）も運行される。栗駒山の紅葉シーズンは大混雑必至を念頭に訪ねたい。

（日本二百名山、23年9月18日再訪、単独行）

宮城県側の探勝基地に最適の一軒宿の温泉

新湯温泉は、江戸中期開湯と伝わる古湯で、宿はくりこま荘1軒。かつては栗駒山の宮城県側に湧く温湯、湯倉（廃湯）、湯浜、駒ノ湯とともに「栗駒五湯」と称せられた。いわかがみ平への途中に位置しているので、下山後の一浴や前後泊に最適。風呂は内湯と露天風呂、貸切風呂があり、加温かけ流しの名湯が堪能できる。

栗駒山　標高1626m

コースタイム→いわかがみ平から中央コースで登り1時間40分・東栗駒コース経由で下り1時間30分◆いわかがみ平まで、鉄道／東北新幹線くりこま高原駅からタクシー約1時間◆車／東北自動車道若柳金成ICから約1時間

難易度 ★☆☆

新湯温泉

くりこま荘☎0228-46-2036、日帰り入浴500円（10:00～15:00）◆泉質＝含硫黄ーカルシウムー硫酸塩温泉◆源泉温度=28.6度◆いわかがみ平から車で約15分

新湯温泉くりこま荘の内湯（男湯）

復路は姿を現した姥ヶ岳を眺めながらの下山

月山神社本宮裏のピークに山頂標示がある

月山《がっさん》と月山《がっさん》志津《しづ》温泉

夏スキー基地から豪雪と高山植物の霊山へ

出羽三山の盟主月山には、11年7月、15年10月（雨のため途中撤退）、21年9月に登ったが、いずれも庄内側の八合目からだった。そこで、今回は夏スキーの基地で名高い内陸部の西川町志津から登ることにした。

その日、月山ペアリフト乗り場手前の有料駐車場で、北上市在住の平藤君と落ち合った。夏の北東北・北海道遠征の最後に夏油《げとう》温泉から経塚山に登った際、次は月山にご一緒しましょうと話した計画を実現したというわけだ。北上市からは3時間半の長距離運転で、私は3日前に葉山、2日前に東吾妻山に登った翌日、再び寒河江《さがえ》まで戻ってビジネスホテルに投宿。未明に出発して、志津までやって来た。お互いにお疲れ様と、笑うしかない。

駐車場では予想した通りの雨だったが、昼頃から回復するという天気予報に賭けて決行したのだった。車内で天気待ちすること2時間。やや小雨になったので、雨具を着て出発した。徒歩15分のリフト下駅からリフト上駅へ。登山道に入ったのは10時45分。まずは姥ヶ岳《うばがたけ》へ。濃霧で視界はほとんどゼロ。何も見えない姥ヶ岳を過ぎ、中間点の牛首《うしくび》には12時15分に着いた。ここで行動食を摂って小休止。本格的な急登の中間点あたりで、急に霧が晴れて青空が広がった。急登の上部にいた登山者からも歓声が上がったほどの感動的な瞬間だった。

山頂に鎮座する月山神社本宮前には13時55分に到着。神社裏手へ登山道を回りこみ、山頂標識や一等三角点がある山頂に立った。復路はすっかり天候が回復し、往路では見えなかった姥ヶ岳を眺めながら下る足どりは軽かった。

（日本百名山、23年9月22日再訪、同行1名）

夏スキーと月山登山の拠点となる温泉

月山志津温泉は1989（平成元）年誕生の温泉地で、夏スキーや月山登山の拠点に好適な約10軒の湯宿がある。ほとんどが日帰り入浴を受け付けるが、今回は山と森と湖を望む内湯と露天風呂に貸切風呂（別料金）もある変若水《おちみず》の湯つたやに立ち寄った。

月山志津温泉・変若水の湯つたやの内湯

月山　標高1984m

コースタイム→月山ペアリフト上駅から姥ヶ岳経由登り2時間20分・下り1時間40分◆姥沢まで、鉄道／山形新幹線山形駅前から鶴岡方面行き高速バス約40分の西川IC乗り換え50分姥沢下車、車／山形自動車道月山ICから約30分

難易度 ★☆☆

月山志津温泉

変若水の湯つたや☎0237-75-2222、日帰り入浴1000円（11:30～16:30）◆泉質ナトリウム−塩化物温泉◆源泉温度=29.1度◆姥沢からバス14分志津下車すぐ

突然の青空に歓声が上がった山頂下の急登。自然石の石段が登拝の歴史を偲ばせる

葉山《はやま》と新《しん》寒河江《さがえ》温泉

トンボ沼から見た、奥の院が鎮座するピーク（左）と優美な山容の葉山（中央）

葉山　標高1462m

コースタイム→十部一登山口から登り1時間20分・下り1時間◆登山口まで、鉄道／JR左沢線寒河江駅からタクシー約1時間30分、車／山形自動車道寒河江ICから約1時間30分

難易度 ★☆☆

新寒河江温泉

寒河江市市民浴場 湯るりさがえ☎0237-86-1126、入浴料350円（6:00〜21:00、第2木曜休）◆泉質＝単純温泉◆源泉温度＝49.5度◆下山口から車で約1時間30分（JR左沢線南寒河江駅から徒歩約7分）

広々とした「湯るりさがえ」の大浴場

かつては出羽三山の1峰だった修験道《しゅげんどう》の聖地

山形県のほぼ中央部にそびえる葉山は、かつては修験道の山として崇敬を集め、羽黒山、月山と共に出羽三山に数えられた時代もあった霊峰である。山域は寒河江市、村山市、大蔵村の2市1村にまたがり、いずれの方面からも登山道が開かれている。

随分と昔になるが、国道112号から葉山の西に位置する十部一峠《じゅうぶいちとうげ》を越えて肘折《ひじおり》温泉に行ったことがある。まだ未舗装の山道だったが、それが国道458号に格上げされ、十部一峠と肘折温泉の間が長い間工事中で不通のままだ。当初はこの間にある登山口から葉山に登り、大好きな肘折温泉との組み合わせを考えていたが、今回も間に合わず、寒河江からのコースを選んだ。

寒河江市内から葉山の主要登山口の畑《はた》まで車で約40分。9時に着いたが、小雨模様で出発の決断ができない。天気待ちに葉山の資料も備える葉山市民荘に立ち寄ってみると、管理する葉山村塾代表の鈴木精二さんが葉山の情報に詳しく、有益な話をたくさん伺った。じきに雨も上がったが、すでに10時半を回っていた。畑から葉山往復のコースタイムは約5時間。これから出発するのでは、ちょっと遅すぎる。

思案の末に、最短コースの十部一峠に回ることにした。十部一峠からダートの林道を走り、登山口のスタートが12時。コースタイムが往復2時間20分だから、これなら大丈夫と踏んだ。すぐにブナの森の登坂に入ったが、なんだか熊にでも遭遇しそうな心細い道だった。肘折コースが合流するトンボ沼に13時30分着。ここで視界が開け、目の前に葉山神社奥の院（白磐《はくばん》神社）が鎮座するピーク、右前方は葉山だ。奥の院に参拝し、20分後の14時に葉山の山頂に立った。山頂からは間近に雲が重そうな月山は望めたが、鳥海山、朝日・飯豊《いいで》や蔵王《ざおう》連峰の大観を望むことはできなかった。できれば23年度中に畑コースのリベンジをしたいと思っていたが、それも叶わなかった。今後の宿題にしておきたい。

（23年9月19日初訪、単独行）

移転新築オープンした寒河江市民の憩いの湯

旧来の施設が老朽化したため、場所を少し移して23年4月28日に新築オープンしたのが寒河江市市民浴場　湯るりさがえだ。木を多用した明るくモダンな建物で、高温浴槽と中温浴槽がある男女別大浴場、サウナと水風呂、福祉風呂（別料金）のほか、湯上がりサロン、リラクゼーションコーナー、有料休憩室などがある。安価な入浴料金も好評だ。新寒河江温泉を名乗っているので、それにならった。

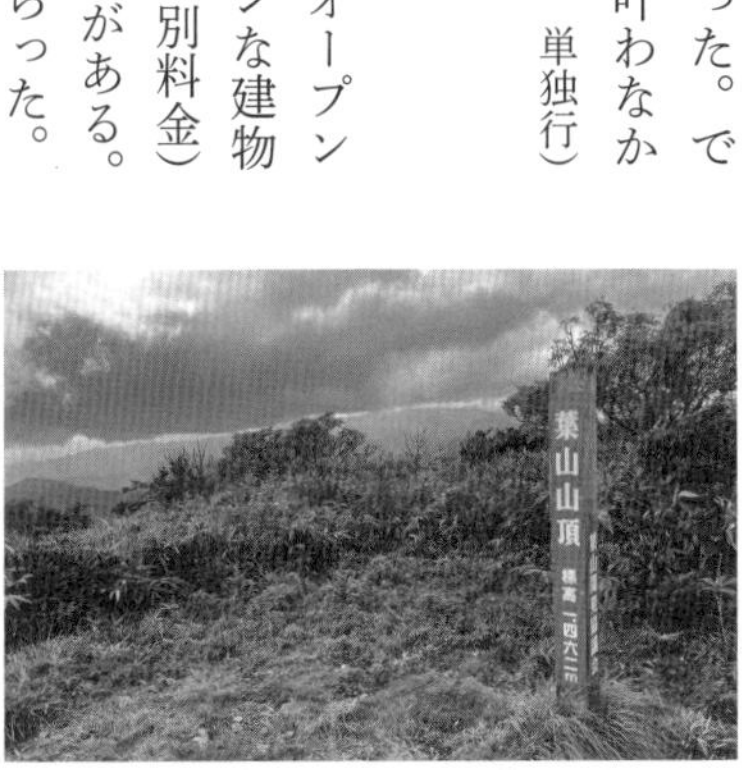

前方に重い雲を載せた月山を望む葉山の山頂

熊野岳の登りから見た地蔵岳からの縦走路

地蔵山頂駅から地蔵岳へは登り約10分

蔵《ざ》王《おう》山《さん》と蔵《ざ》王《おう》温泉

ロープウェイ利用で手軽に登れる日本百名山

　蔵王山は、山形・宮城両県にまたがる南北30㎞に及ぶ連峰の総称。最高峰は蔵王連峰の中央に位置する標高１８４１ｍの熊野岳だ。ここでは蔵王温泉から蔵王ロープウェイを利用して登る、もっとも楽なコースを取り上げる。

　蔵王温泉バスターミナルから徒歩約10分で、蔵王ロープウェイの蔵王山麓駅。ここから2基のロープウェイを乗り継ぐと、標高差８０６ｍを正味15分の空中散歩で一気に標高１６６１ｍの地蔵山頂駅まで引き上げてくれる。まずは巨大な地蔵尊石像に手を合わせてから、標高１７３６ｍの地蔵岳へ。迂回ルートもあるが、山頂まではわずか10分。山頂からの眺望を楽しんだあとは、眺望抜群の稜線歩きで、前方にそびえる主峰の熊野岳を目指す。ワサ小屋跡で右から下山路に採る祓川《はらいがわ》コースを合わせる。恐ろしい形相の姥神《うばがみ》石像の前を過ぎると、まもなく熊野岳の斜面の直登ルートが始まる。

　熊野岳は、蔵王山神社と避難小屋、斎藤茂吉《さいとうもきち》の巨大な歌碑が立つ広々とした山頂で、飯豊《いいで》・朝日連峰をはじめとする大パノラマが広がる。山頂から蔵王のシンボル御釜の展望地までは50分ほどで往復できる。

　熊野岳からワサ小屋跡まで戻り、祓川コースを下る。途中からは熊野岳へとせり上がる峡谷と主峰らしい山容の熊野岳の眺めが見事で、秋は紅葉のビューポイントだ。いろは沼を過ぎ、リフト終点からゲレンデ内を下ると、蔵王ロープウェイ中間駅の樹氷高原駅に着く。
（日本百名山、23年10月16日再訪、単独行）

「奥州三高湯」と称えられた湯力抜群の名湯

蔵王温泉は、標高900mの高所に自噴する酸性硫黄泉の名湯だ。スキーと樹氷が人気の山岳リゾート温泉地となった今でも、高湯《たかゆ》通りに下湯・上湯・河原湯の共同浴場が残り、湯治場として栄えた歴史を偲ばせる。私の定宿は高台に位置する最上高湯 善七乃湯で、内湯と5ヶ所ある貸切露天風呂（予約制、風呂ごとに時間設定）で日帰り入浴も受け付けている。

最上高湯 善七乃湯の貸切風呂「布袋尊」

蔵王山　標高1841m（熊野岳）

コースタイム→地蔵山頂駅から熊野岳まで登り2時間30分・いろは沼経由樹氷高原駅まで下り約2時間◆蔵王山麓駅まで、鉄道／山形新幹線山形駅からバス40分、蔵王温泉BT下車徒歩約10分、車／山形自動車道山形蔵王ICから約30分

難易度 ★★☆

蔵王温泉

最上高湯 善七乃湯☎023-694-9422、日帰り入浴1000円（最長は10:00～21:00）◆泉質=酸性・含硫黄ー硫酸塩温泉◆源泉温度=49.6度◆蔵王山麓駅から徒歩約20分

いろは沼へ下る途中から仰ぎ見た堂々たる山容の熊野岳。秋は峡谷の紅葉も美しい

東《ひがし》吾《あ》妻《づま》山《やま》と赤《あか》湯《ゆ》温泉

磐梯山《ばんだいさん》を筆頭に大パノラマが広がる東吾妻の最高峰

浄土平《じょうどだいら》から手軽に登れるのは吾妻小富士《こふじ》で、次に多いのが一切経山《いっさいきょうざん》。しかし、東吾妻エリア最高峰の東吾妻山となると、登山者も格段に少ない。一切経山と東吾妻山を一度に登る健脚も少なくないが、ここでは分けることにした。

私が東吾妻山に登ったのは23年9月20日。前日に山形県の葉山に登り、下山後は米沢市まで移動し、翌日浄土平に着いたのは11時半を回っていた。無論、登山するには遅すぎる時間であるが、浄土平から一周するコースタイムは4時間。なんとか明るいうちには下山できるだろうと思った。それに、その後のスケジュールの都合で、この日に登っておきたい事情もあった。

浄土平出発は11時50分。階段の急登を一気に登り、鎌池《かまいり》分岐で10分休憩。姥ヶ平分岐着12時55分で、ここからはオオシラビソの林間になり、登山道も険しくなる。途中、下山する5人ほどのパーティとすれ違っただけだった。

森林限界を越えてハイマツ帯に入ると、まもなく正面に磐梯山、振り返ると一切経山が見渡せる眺望抜群の山頂だった。時間は13時40分、ほぼコースタイム通りだ。山頂を後にしたのは30分後、あとは展望台と景場平《けいばだいら》の湿原の池に立ち寄っただけで下山した。登山者が少ないせいか道は荒れ気味で、岩や水たまりも多く、歩きにくかった。鳥子平口《とりこだいらぐち》で磐梯吾妻スカイラインに着いたのが

赤湯温泉・好山荘の白湯の露天風呂（男湯）

景場平からたおやかな山容の東吾妻山を望む

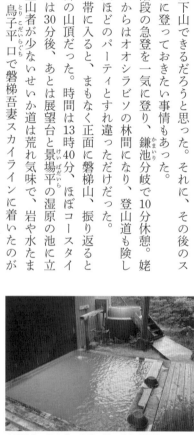

標高1975mの東吾妻山の山頂。磐梯山や猪苗代湖、一切経山の眺望が印象的だった

15時50分。これならなんとか明るいうちに浄土平に戻ることができそうだと安堵した。鳥子平入口に、途中の橋が崩落しており通行注意、の看板が出ていた。遊歩道は諦め、車道の橋を歩いて浄土平には無事16時40分に帰還した。

(23年9月20日初訪、単独行)

赤湯と白湯の2種類の湯が楽しめる秘湯

土《つち》湯峠《ゆとうげ》付近に点在する各一軒宿の野地《のじ》、新野地、赤湯、鷲倉、少し離れた山中に2軒の宿がある幕川《まくかわ》の温泉群を土湯峠温泉郷と総称する。日帰り入浴不可の宿もあるので、ここでは赤湯温泉の好山荘《こうざんそう》を推奨したい。地震で被災し、22年7月に新築再開した一軒宿で、鉄分を含む赤湯の単純温泉を内湯で、白湯と呼ぶ単純硫黄温泉を露天風呂で楽しめるのが魅力である。

東吾妻山
標高1975m

コースタイム→浄土平から姥ヶ平経由東吾妻山まで登り1時間40分・東吾妻山から景場平経由浄土平まで下り2時間20分◆浄土平まで、鉄道/東北新幹線福島駅西口からタクシー約1時間、車/東北自動車道福島西ICから約50分

難易度 ★★☆

赤湯温泉

好山荘☎0242-64-3217、日帰り入浴700円(10:00〜14:30受付終了、木曜休)◆泉質・源泉温度=単純温泉・52.8度(内湯)、単純硫黄温泉・62.0度(露天風呂)◆浄土平から車で約30分

鎌池周辺は一変してさわやかな高原風景に

一切経山から俯瞰する“魔女の瞳”五色沼

一切経山《いっさいきょうざん》と高湯《たかゆ》温泉

コバルトブルーの〝魔女の瞳〟が魅了する活火山

福島と山形の県境にまたがる大山塊《だいさんかい》の吾妻連峰は、大きく分けて福島側から登る東吾妻と山形側から登る西吾妻に二分される。『日本百名山』では「吾妻山」とあるだけで、1峰を選んではいないが、山塊中唯一の2000m峰である西吾妻山をもって「日本百名山」と捉える人が多い。

観光客が断然多いのは、磐梯吾妻スカイラインの開通で登山拠点となる浄土平まで車で入れることになった東吾妻エリアだ。一切経山や吾妻小富士の特色ある山容は茫洋とした印象の山群の中でも際立っている。

最高峰の座は東吾妻山に譲っているものの、このエリアの盟主はやはり一切経山だろう。いまなお激しく噴煙を上げる活火山だが、意外にも登山は容易で、週末の登山道は人があふれるほどだ。その大きな魅力が山頂から俯瞰する〝魔女の瞳〟と愛称される五色沼の存在である。

一切経山は3度登った。直近は23年10月7日、奥州市と米沢市と水戸市、それに東京から2名の計5名が早朝の兎平《うさぎだいら》駐車場に集結。ところが、雨女の威力か、本降りの雨に迎えられた。協議の結果、行けるところまで行ってみようと出発したが、一切経山への登山道が分岐する酸ヶ平《すがだいら》で、見上げた山頂に続く斜面は風雨とガスでまったく見えない。登頂は断念して鎌池から姥ヶ原コース経由で下山することになったが、それでも折からの紅葉が美しく、それなりに楽しむことができた。（日本三百名山、23年10月7日鎌池まで、同行4名）

自然湧出の源泉かけ流しが堪能できる共同浴場

磐梯吾妻スカイランの北入口に位置する高湯温泉は、毎分約3300リットルもの自然湧出泉がすべての温泉施設に源泉かけ流しで供給されている、全国屈指の名湯だ。登山者にも大人気の共同浴場あったか湯では、約50m先の滝の湯源泉を直接引き込んだ名湯を、男女別と貸切利用の露天風呂（予約優先、入浴料と別途1組1000円）で堪能できる。

高湯温泉・共同浴場あったか湯の男湯

一切経山　標高1949m

コースタイム→浄土平から登り1時間40分・鎌池経由で下り2時間◆浄土平まで、鉄道／東北新幹線福島駅からバス50分、高湯温泉下車すぐ◆車／東北自動車道福島西ICから約30分

難易度★☆☆

高湯温泉

共同浴場あったか湯☎024-591-1125、入浴料250円（9:00～21:00、木曜休・祝日の場合は翌日休）◆泉質＝酸性・含硫黄ーカルシウム・アルミニウムー硫酸塩温泉◆源泉温度=50.5度◆浄土平から車で約30分

浄土平から酸ヶ平へ向けての登り。一切経山が活火山であることを実感させる眺めだ

安達太良山《あだたらやま》と奥岳《おくだけ》温泉

好天ならファミリー登山にも絶好の安達太良連峰の名峰

初級者や年配者でも比較的無理なく登れる名山はと問われたら、安達太良山を挙げないわけにはいかない。ゴンドラリフトの利用で山頂までは1時間強、しかも文字通り360度の大パノラマと高山の雰囲気が満喫でき、開放的な稜線を歩けば迫力満点の爆裂火口である沼ノ平も目にすることもできる。安達太良連峰の最高峰は箕輪山《みのわやま》だが、山の魅力においては安達太良山が筆頭だ。

安達太良山には3度登った。4度目の19年9月は、福島市側の土湯峠温泉郷にある新野地温泉から鬼面山《きめんざん》、箕輪山、鉄山と安達太良連峰を縦走した時点で湯友たちとくろがね小屋で待ち合わせた時間が迫り、安達太良山は鉄山から眺望しただけで下山した。

安達太良山登山は、ゴンドラリフト山頂駅からすぐの薬師岳展望台から始まる。ここには高村光太郎《たかむらこうたろう》の名作『智恵子抄』を想起させる「この上がほんとの空です　二本松市」と刻まれた標柱が立ち、正面に乳首山《ちちくびやま》とも呼ばれる安達太良山の特徴的な岩峰が眺望できる。もちろん、綺麗に澄み渡った「ほんとの空」も。

薬師岳展望台から安達太良山の山頂まで、尾根筋を行く登山道はわりと緩やかな勾配で、頂上直下にほんの少しの急登がある程度。石祠《せきし》が祀られた岩峰の山頂に立ち、馬の背から沼ノ平の壮絶な光景を俯瞰したら、鉄山分岐から下山にかかる。岳《だけ》温泉元湯のくろがね小屋が建て替えのため休業中なので、そのまま勢至《せいし》平《だいら》方面へ。岳温泉元湯からのルートに飛び出したら、あとは林道タイプの道を奥岳登山口まで歩く。ゴンドラリフト下に着いたら、奥岳温泉・あだたら山　奥岳の湯で汗を流してから帰途につきたい。

薬師岳展望台から安達太良山方面の眺望

岩と砂礫の上に突起した安達太良山の山頂。石祠が祀られた岩峰上にも立てる

なお、岳温泉から奥岳登山口まで20分の季節運行のシャトルバス奥岳便については、事前に福島交通二本松営業所（☎０２４３・２３・０１２３）に確認していただきたい。

（日本百名山、19年9月28日再訪、同行1名）

登山口の日帰り温泉施設あだたら山　奥岳の湯

奥岳登山口にあり、登山者にとってはオアシス的存在。湯は鉄山直下で自然湧出する岳温泉元湯からの引湯で、極上の単純酸性泉が堪能できる。清潔感あふれる造りの充実した施設で、日帰り温泉施設のクオリティとしては相当に高い。風呂は男女別に大浴場と露天風呂があるが、自然豊かな森に臨む露天風呂が秀逸だ。

安達太良山　標高1700m

コースタイム→奥岳温泉からゴンドラリフトで10分の山頂駅から安達太良山まで登り1時間10分・下り安達太良山から奥岳登山口まで2時間◆奥岳登山口まで、鉄道／JR東北本線二本松駅からバス45分（平日1往復のみ）奥岳登山口下車、車／東北自動車道二本松ICから約30分

難易度 ★☆☆

奥岳温泉

あだたら山 奥岳の湯☎0243-24-2141、入浴料700円（10:00 ～ 19:00）◆泉質＝単純酸性泉◆源泉温度=54.5度◆下山口

あだたら山 奥岳の湯の露天風呂

振り返ると猪苗代湖と田園風景のパノラマ

秋の気配が漂っていた翁島コースの急登

磐梯山《ばんだいさん》と押立《おしたて》温泉

表磐梯の急斜面を最短距離で登頂する翁島コース

「宝の山」と謳われる磐梯山には2度登った。1度目は「日本百名山」完登を志した16年の10月2日。このときは大学の部活仲間10名全員がアラ古稀のパーティだったので、登山口はもっとも楽な八方台《はっぽうだい》を選んだ。好天に恵まれ、楽しくにぎやかな磐梯山初訪の山行だった。次は21年11月15日、弘法清水《こうぼうしみず》から上は雪まじりのガスに包まれた悪コンディションの中の単独行。いずれも裏磐梯側からのルートだったので、今回は猪苗代湖《いなわしろこ》側の表磐梯を登ってみることにした。

猪苗代湖側からは、猪苗代スキー場から沼ノ平、弘法清水経由の猪苗代登山口コースが昔からの表参道で、深田久弥著『日本百名山』ではこの健脚コースを採っている。残暑厳しい23年9月、私は1時間強短縮の翁島《おきなしま》コースを選択した。

翁島登山口はいっとき休場した猪苗代リゾートスキー場の上部に位置している。登山口からすぐに林間に入り、ゲレンデの一角やリフト終点を過ぎると、まもなくほぼ直登ルートになる。きつい登りだが、高度をぐんぐん稼げるのが励み。雲海に沈んでいた猪苗代湖や田園風景が次第に姿を現してきた。

人声が近づくと、そこが山頂だった。翁島登山口7時25分発、途中休憩30分を挟んで11時20分登頂。登りのペースが遅い私にしては上出来だった。

弘法清水側からひっきりなしの登山者で、山頂は大にぎわい。ゆっくりと昼

食を摂り、11時55分に山頂を辞した。翁島ルートは人も疎らで、静かな山とパノラマ独占の贅沢を楽しみつつの山行が満喫でき、翁島登山口には14時ちょうどに帰還した。

（日本百名山、23年9月14日再訪、単独行）

翁島コース途中にひっそりと上がる湯煙

押立温泉は、翁島駅と翁島登山口のほぼ中間にある古湯で、地元では「おったて温泉」と呼ぶ。現在営業中の宿は民営の国民宿舎さぎの湯1軒のみ。住吉館は新築再開が間近のようだが、もう1軒は廃業状態。素朴な湯宿のさぎの湯はリーズナブルなので、磐梯山登山の前後泊にも好適だ。風呂は男女別の内湯。

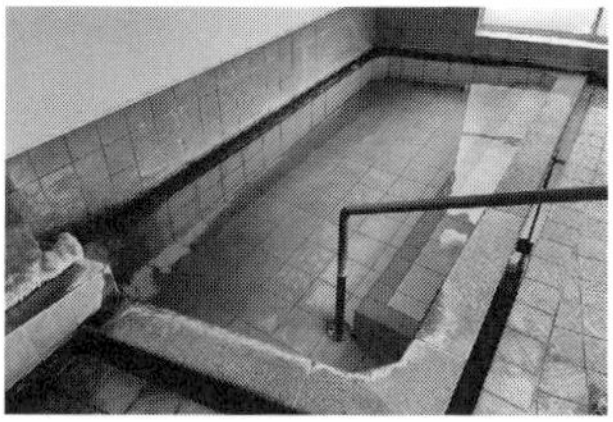

押立温泉・国民宿舎さぎの湯の内湯

磐梯山 標高1816m

コースタイム→翁島登山口から登り3時間10分・下り2時間10分◆翁島登山口まで、鉄道／JR磐越西線猪苗代駅からタクシーで約20分（翁島駅から徒歩約1時間30分）、車／磐越自動車道猪苗代磐梯高原ICから約20分

難易度 ★★☆

押立温泉

国民宿舎さぎの湯☎0242-65-2515、日帰り入浴700円（10:00 ～ 17:00、要確認）◆泉質＝単純温泉◆源泉温度=50.4度◆翁島登山口から車で約5分（徒歩約40分）

石祠が祀られた磐梯山の山頂と猪苗代方面の展望。反対側は裏磐梯高原が眼下に

甲子山《かしさん》と甲子《かし》温泉

阿武隈川源流に臨む名湯から登る福島南端部の孤峰

白河市の西部、西郷《にしごう》村に屈指の名湯がある。四囲を山が取り囲み、その谷間の峡谷を流れる阿武隈川の源流に臨む甲子温泉だ。かつては行き止まりの辺境だったが、白河と会津西街道の下郷町《しもごうまち》を結ぶ国道２８９号に甲子トンネルが開通し、通年営業が可能になった秘湯である。

宿の庭先を抜けた先に、甲子温泉登山口がある。標高１５４９ｍの甲子山には那須連峰最高峰の三本槍岳からも縦走路がのびているが、相当な健脚向きコース。そのルートの北に独立峰の趣でそびえているのが甲子山だ。

実は、甲子温泉と甲子山は前作『温泉百名山』の有力候補だった。登ったのは20年7月2日。ところが、唯一展望が開ける山頂はガスに包まれ、目前に偉容を見せているはずの旭岳（赤崩山《あかくずれやま》）はじめ、那須連峰や吾妻連峰などの絶景をまったく望むことができなかった。それでも諦めきれずに2度リベンジを試みたが、いずれも甲子温泉まで行った時点で天候に恵まれず、登頂を断念。山頂からの展望写真がないので、掲載を断念したという経緯があった。

再訪も叶わなかったので、どうしようかと思案したが、米沢市在住の湯友＆山友の酒井亜希子さんが登ったときに撮影した山頂写真を提供してくれることになったので、ようやく取り上げることができた。

甲子温泉・旅館大黒屋の混浴「大岩風呂」

山頂直下までブナの森のトンネルを行く

目前に旭岳（赤崩山）を眺望する甲子山の山頂。南方に那須連峰の三本槍岳が続く

登山ルートは、甲子温泉から猿ヶ鼻《さるがはな》と呼ぶ地点までの四十八曲りと、山頂直下に補助ロープにクサリも設置された急登があるが、猿ヶ鼻から先はブナの森を行く緩やかな勾配の道。特に新緑と紅葉の美しさは折り紙付きである。

（20年7月2日初訪、単独行）

2種類の泉質の極上湯が堪能できる秘湯

甲子温泉の宿は、白河藩主松平定信《まつだいらさだのぶ》公ゆかりの建物も残る旅館大黒屋1軒のみ。建物はレトロモダンの趣の好設備だ。自慢の温泉は、館内に男女別内湯+露天風呂の恵比寿の湯、阿武隈川を吊り橋で渡った対岸に混浴と女性専用の浴場棟がある大岩風呂の2ヶ所。異なる泉質の源泉がいずれの風呂にもかけ流しだ。混浴の大岩風呂では足元からも湯が湧いている。

甲子山
標高1549m

コースタイム→甲子温泉登山口から登り2時間20分・下り1時間40分◆甲子温泉登山口まで、鉄道／JR東北新幹線新白河駅からバス38分高原前下車徒歩約1時間（タクシー約40分）、車／東北自動車道白河ICから約40分

難易度 ★☆☆

甲子温泉
旅館大黒屋☎0248-36-2301、日帰り入浴900円（10:00～15:00）◆泉質・源泉温度＝カルシウム・ナトリウム－硫酸塩温泉・45.1度（恵比寿の湯）、単純温泉・43.1度（大岩風呂）◆下山口にある

会津駒ヶ岳の山頂直下から中門岳方面を望む

駒大池から会津駒ヶ岳の山頂方面の眺望

会津駒ヶ岳《あいづこまがたけ》と尾瀬《おぜ》檜枝岐《ひのえまた》温泉

のびやかな稜線漫歩が楽しい南会津の雄峰

最初に会津駒ヶ岳に登ったのは15年10月17日。悪性リンパ腫の大病から4年後の本格的登山に復帰した年で、その後50回以上も山行を共にすることになる柴田君と2人だけで初めて登った。まだ「日本百名山」完登を志す前年の話である。そのときの山頂部は眺望がきかず、同地域の両雄ともいうべき燧ヶ岳《ひうちがたけ》さえも望めなかったが、山腹の紅葉が美しかったことは鮮明に思い出す。

今回は23年夏の1ヶ月余に及んだ北東北・北海道の長期ロードの最初に、北東北に移動する途中で塩原の赤沢《あかさわ》温泉旅館に泊まり、館主の遠藤正俊さんと登った。氏とは前作『温泉百名山』の選定登山の際に北海道の雄阿寒岳と塩原の日留賀岳《ひるがだけ》に登っていたので、お互いの体力も気心も知れていた。

未明に塩原を発ち、車が入れる地点まで行って、登山道取付点（バス停から徒歩約40分）を6時50分にスタート。ブナが目立つ森の中の急登を黙々と歩き、ようやく山頂が望める展望地に着いたのが10時35分。素晴らしい眺望に見惚れて20分休憩。階段もある木道を登ると、尾根上の駒大池から先は比較的緩やかな勾配になる。1時間10分の休憩込みで11時45分に登頂した。

天候も良く、まだ元気もあったので、往復2時間かけて中門岳《ちゅうもんだけ》の先端まで足を延ばしてみた。緩やかな勾配の尾根歩きで、残雪や池塘《ちとう》の散らばる漫歩ルートを満喫した。下山は休憩30分込みで山頂から2時間55分でクリアしたから、私にしては珍しく快調なペースだった。

（日本百名山、23年6月26日再訪、同行1名）

辺境の村の暮らしを一変させた温泉誕生

檜枝岐に温泉が誕生したのは1972（昭和47）年。登山ブームの到来とともに尾瀬への登山基地として脚光を浴び、辺境の地は一気に温泉民宿村へと変貌を遂げた。現在、登山口近くの村の中心部には日帰り温泉施設が3ヶ所ある。主力はアルカリ性単純温泉だが、推奨する燧の湯は単純硫黄温泉で、源泉かけ流しの大浴場と露天風呂の湯船も大きく、すこぶる快適だ。

樹木の下は渓流の「燧の湯」の露天風呂

会津駒ヶ岳　標高2132m

コースタイム→登山道取付点から登り4時間・下り3時間◆駒ヶ岳登山口バス停まで、鉄道／野岩鉄道会津高原尾瀬口駅からバス1時間10分、車／東北自動車道西那須野塩原ICから約2時間（バス停から約2km先の取付点まで入れる）

難易度★★★

尾瀬檜枝岐温泉

燧の湯☎0241-75-2290、入浴料1000円（6:00～20:00・火曜は13:00～20:00、無休、冬期は別定）◆泉質＝単純硫黄温泉◆源泉温度=63.5度◆下山口から車で約5分

登頂間近の登りでは、背後に燧ヶ岳を筆頭に、尾瀬方面の大展望が広がる

関東・伊豆

31〜50

烏帽子岳
クマに会わなくて
よかった〜〜♪

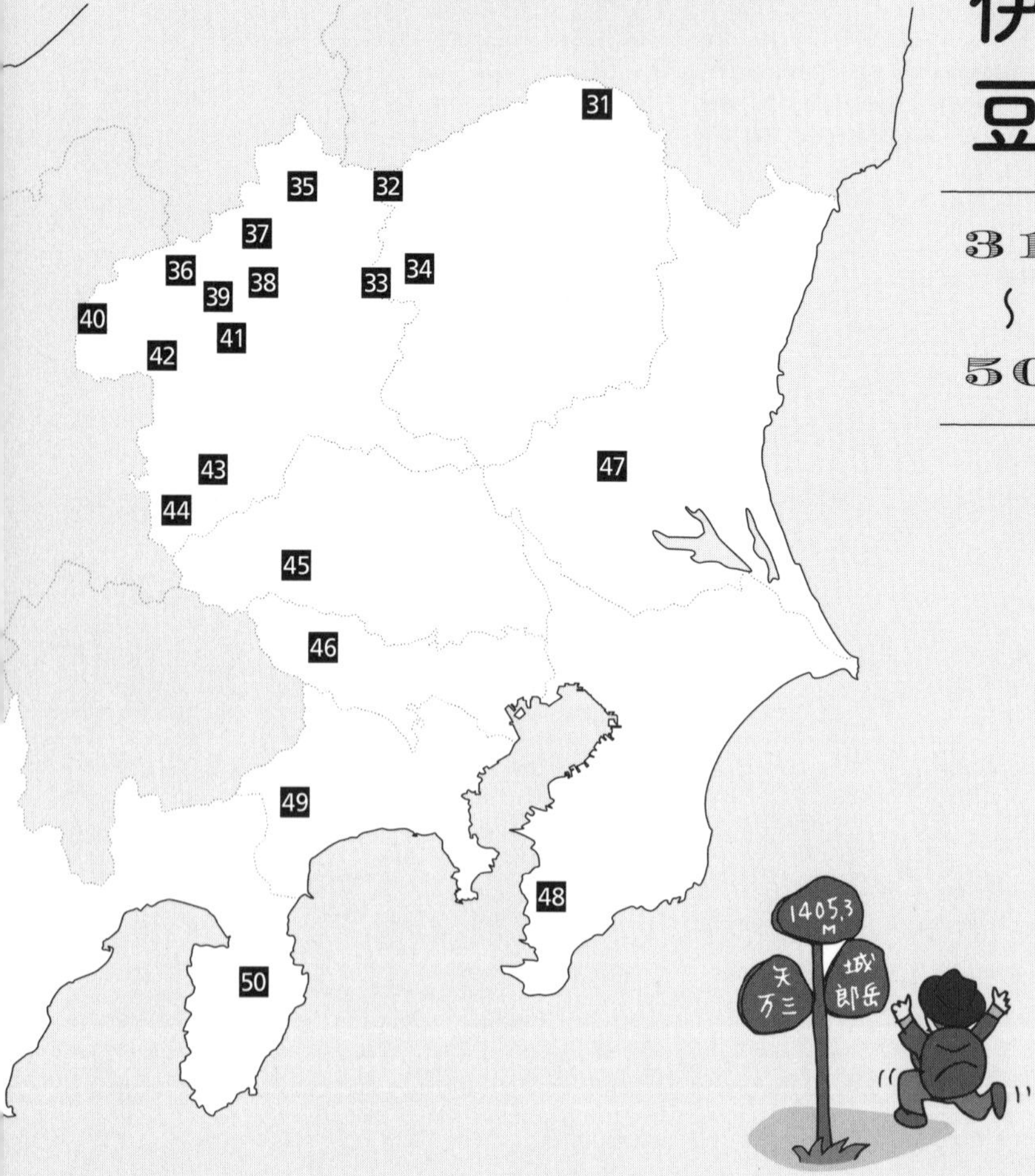
31
32
33
34
35
36
37
38
39
40
41
42
43
44
45
46
47
48
49
50
1405.3 M
天
万三
城
郎岳

31 三本槍岳と大丸温泉
32 鬼怒沼山と加仁湯温泉
33 五色山と奥日光湯元温泉
34 小太郎山と光徳温泉
35 至仏山と寄居山温泉
36 稲包山と法師温泉
37 武尊山と幡谷温泉
38 子持山と金島温泉
39 高山三山と高山温泉
40 四阿山と嬬恋高原温泉
41 榛名山と榛名湖温泉
42 浅間隠山と相間川温泉
43 稲含山と下仁田温泉
44 烏帽子岳と浜平温泉
45 武甲山と武甲温泉
46 大岳山とつるつる温泉
47 筑波山と筑波山温泉
48 鋸山と房州大福温泉
49 明神ヶ岳と宮城野温泉
50 天城山と伊豆高原の湯

清水平の木道にて。背後は三本槍岳

峰の茶屋跡付近から朝日岳方面の眺望

三本槍岳《さんぼんやりだけ》と大丸《おおまる》温泉

噴煙たなびく茶臼岳《ちゃうすだけ》と山越えで訪ねる秘湯

那須岳の盟主は噴煙たなびく活火山の茶臼岳が定説のようだが、最高峰はというと茶臼岳よりも2m高い三本槍岳である。茶臼岳や対面する朝日岳には何度か登ったことはあるが、三本槍岳にはまだ一度しかない。

本格的登山に復帰した15年10月12日、湯友数人と三斗小屋《さんどごや》温泉に泊まった翌日、峰の茶屋跡避難小屋前で休暇村那須の岩代雅夫支配人（当時）と合流。氏とは直前の9月に槍ヶ岳《やりがたけ》に同行していて、三本槍岳登山を約束していた。

峰の茶屋跡避難小屋から朝日岳へのルートはクサリが設置された狭い岩稜《がんりょう》をよじ登る箇所もあり、慎重と緊張を要する。ただし、難所と呼べるのはそこくらいで、朝日岳の肩の稜線に出ればあとは快適な尾根歩きになる。往復30分の朝日岳をピストンして、隠居倉《いんきょぐら》へとのびる熊見曽根《くまみそね》の尾根を歩き、すぐ先で三本槍方面に右折。張り出した尾根を、広々とした高原の清水平へ下る。北温泉分岐から西に向かうのが三本槍岳へのルートだ。

三本槍岳の標高は１９１７m。名称から受ける鋭峰のイメージとは異なり、おだやかな山容で、山頂も広場風だ。名称は、かつてこの山頂が黒羽《くろばね》藩・会津藩・白河藩の境（国境）だったので、それぞれの武士が携えた三本の槍を立てて所領を確認した行事に由来するという。山頂は３６０度のパノラマ台である。

ここから甲子山《かしさん》を経て甲子温泉に下山する縦走コースを歩いてみたいとも思うが、その希望は叶いそうもない。
（日本百名山、15年10月12日初訪、同行1名）

川がそのまま露天風呂の奥那須の名湯

那須岳の登山口にもっとも近い大丸温泉は、御用邸にも配湯している自然湧出泉の名湯である。湯元の大丸温泉旅館は、敷地内を流れる川がそのまま露天風呂の川の湯が名物で、風呂は男女別内湯と貸切風呂のほか、混浴3・女性専用2の露天風呂と多彩。日帰り入浴時間に間に合わない場合は、大丸温泉のもう1軒の宿や那須湯本温泉の共同浴場鹿の湯がおすすめだ。

大丸温泉旅館の名物露天風呂「川の湯」

三本槍岳　標高1917m

コースタイム→峠の茶屋登山口から登り3時間40分・下り2時間30分◆登山口まで、鉄道／東北新幹線那須塩原駅からバス1時間17分那須ロープウェイ下車徒歩約15分◆車／東北自動車道那須ICから約40分

難易度 ★★☆

大丸温泉

大丸温泉旅館☎0287-76-3050、日帰り入浴1000円（11:30 ～ 15:00）◆泉質＝単純温泉◆源泉温度=77.9度（桜の湯源泉）◆峠の茶屋下山口から徒歩約30分（大丸温泉バス停から徒歩約3分）

三本槍岳の広場風の山頂。日光や那須連山、南会津の山々を一望にする好展望台だ

鬼《き》怒《ぬ》沼《ぬま》山《やま》と加《か》仁《に》湯《ゆ》温泉

奥鬼怒温泉郷から標高2000mの高層湿原へ

鬼怒川源流と針葉樹と高層湿原を満喫するコース。起点の女夫淵《めおとぶち》から鬼怒沼山まで歩き通すと歩行時間が9時間近くなってしまうので、鬼怒沼湿原までで引き返すか（湿原入口から鬼怒沼山まで往復約2時間）、途中の八丁《はっちょう》ノ湯《ゆ》、加仁湯、日光沢《にっこうざわ》の各温泉宿に前泊か後泊するのが賢明だろう。

女夫淵から鬼怒沼湿原への登山口となる日光沢温泉まで、鬼怒川の源流に沿った自然歩道で約1時間半。渓流と離れると、次第に急登になる。オロオソロシノ滝展望台で一休み。その上から針葉樹の森に入ると勾配は緩やかになる。いささか針葉樹の森に飽きて来た頃、突然広々とした湿原の端に飛び出す。標高2000m付近に広がる鬼怒沼湿原の入口だ。池塘《ちとう》が散らばる湿原を木道が貫き、右前方には鬼怒沼山を望む。鹿の食害で高山植物が激減してしまったのが惜しまれるが、端まで歩くと約25分。尾瀬の燧ヶ《ひうちが》岳《たけ》が見えて来る。突き当たりで右に鬼怒沼山方面の道が分岐する。ここから山頂まで往復約1時間15分。鬼怒沼山は樹林に囲まれたピークで、残念ながら展望は得られない。

引き返す湿原の木道は、正面に日光白根山《しらねさん》から根名草山《ねなくさやま》に続く山々を眺望しながらの漫歩コースだ。奥鬼怒四湯では手《て》白沢《しろさわ》温泉以外は基本的に日帰り入浴も受け付けているので、日中ならどこかの風呂には入れるはずだ。

奥鬼怒温泉ホテル加仁湯の混浴の露天風呂

鬼怒沼湿原の復路の木道。正面は日光白根山

鬼怒沼湿原は、天上の楽園の趣がある標高2000mの高層湿原。右前方は鬼怒沼山

なお、加仁湯温泉の女夫淵から送迎バス往復＋食事＋入浴のセットプラン（1名4500円、前日までに要予約）を利用すれば、日帰り登山も可能（鬼怒沼湿原まで往復約4時間）だ。　（23年10月26日再訪、単独行）

多彩な風呂に源泉かけ流しの魅惑の白濁湯

八丁ノ湯、加仁湯、日光沢、手白沢の各一軒宿を奥鬼怒四湯と呼ぶ。いずれも秘湯感あふれる個性的な一軒宿で、それぞれに温泉目当ての固定客が多い。私の定宿は加仁湯で、源泉5本の豊富な湯量に恵まれ、風呂は男女別内湯のほか、源泉ごとに浴槽がある利き湯ロマンの湯など混浴3・女性専用1・貸切3の露天風呂と、まさに温泉三昧の宿だ。宿泊客は女夫淵から送迎バス（要予約、所要約20分）が利用できる。

鬼怒沼山
標高2141m

コースタイム→女夫淵から鬼怒沼湿原先端まで登り4時間・下り3時間（鬼怒沼山までさらに往復1時間10分）◆女夫淵まで、鉄道／東武鬼怒川温泉駅からバス1時間35分終点下車、車／日光宇都宮道路今市ICから約1時間30分

難易度★★★

加仁湯温泉

奥鬼怒温泉ホテル加仁湯☎0288-96-0311、日帰り入浴1000円（9:00～15:00、繁忙期は不可の場合もあるので要確認）◆泉質＝含硫黄－ナトリウム－塩化物・炭酸水素塩温泉◆源泉温度=45.3度（黄金の湯）ほか◆下山途中にある

五色山《ごしきやま》と奥日光《おくにっこう》湯元《ゆもと》温泉

五色沼を眼下に日光白根山と向かい合う外輪山

日光火山群の主峰は関東以北の最高峰である標高2578mの白根山だ。一般的には日光白根山と呼ばれるが、これは草津白根山と区別するための呼称で、深田久弥著『日本百名山』では「奥白根山」としている。

前作では日光白根山を取り上げたが、今回は金精峠《こんせいとうげ》から金精山《こんせいざん》を経て外輪山の五色山に登頂するコースを選んだ。山頂から、眼下に「魔ノ湖」と呼ばれた五色沼を隔ててそびえ立つ日光白根山の壮観を楽しむのが目的である。

湯元温泉8時30分発の路線バスに乗り、約10分の金精トンネル駐車場で下車。駐車場の端から急登を40分、神社が祀られた金精峠に着いた。ここから望む金精山は鋭峰で、予想通り岩場の急峻な登りだったが、標高2244mの金精山山頂からの湯ノ湖や男体山《なんたいさん》の眺望は見事だった。

ここからは樹林帯の尾根筋をアップダウンしながら進むと、湯元温泉へ下る道が分岐する国境平《こっきょうだいら》。この先の笹が茂る急登は路面がぬかるみ、滑るのでちょっと難渋した。緩やかな高原風の尾根道に出ると、まもなく五色山の山頂だった。12時15分登頂。それまで姿を隠していた日光白根山が、忽然と目の前にそびえ立つ景観に息をのむ。覗き込むと、五色沼が眼下に湖面を光らせていた。

復路は、元気があれば前白根山を越えて湯元温泉に下る計画だったが、以前

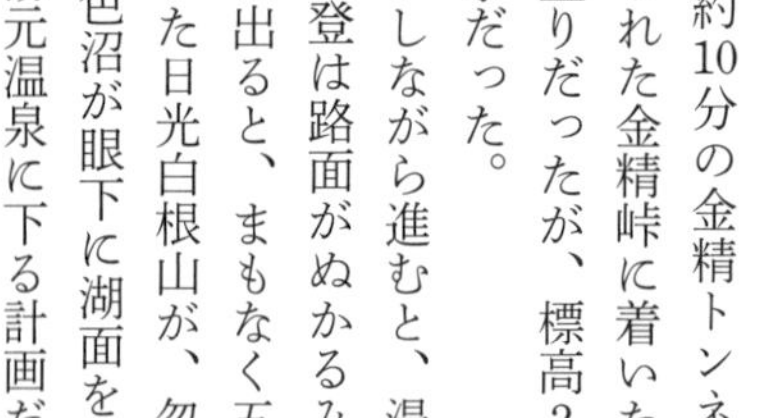
奥日光湯元温泉・紫雲荘の貸切露天風呂

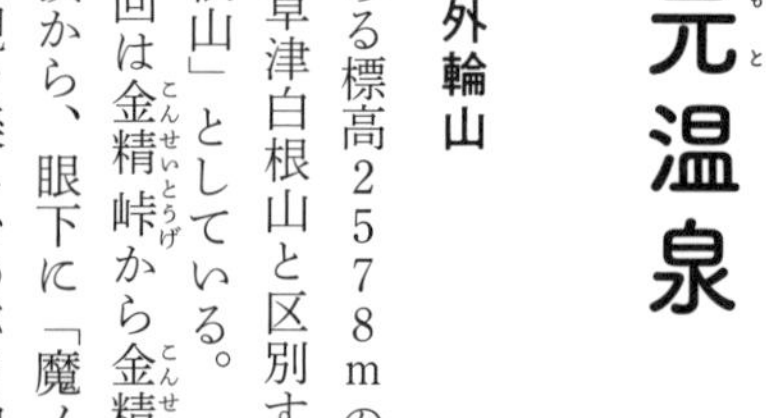

金精山の山頂から湯ノ湖と日光連山の眺望

標高2379mの五色山の山頂から、眼下に五色沼と日光白根山の偉容を望む

に歩いた荒れた下山路の記憶が蘇った。五色山での眺望に満足したので、国境平まで戻って奥日光湯元温泉へと下山した。

（23年10月24日初訪、単独行）

開湯1236年の白濁する硫黄泉の名湯

男体山開山の祖・勝道上人《しょうどうしょうにん》が788（延暦《えんりゃく》7）年に発見したと伝わり、本来の湯元温泉から、最近は奥日光湯元温泉と呼ぶようになった古湯である。奥日光は主に小学生らの課外学習の地として人気が高いので、シーズン中の平日は貸切が多く一般客は泊まりにくいのが実情。私の定宿の紫雲荘は個人客主体の小宿なので、いつもお世話になっている。日帰り入浴は利用しやすいとは言えないので、汗を流すだけなら勝道上人ゆかりの温泉寺にある風呂がおすすめだ。

五色山
標高2379m

コースタイム→金精トンネル駐車場から登り2時間50分・国境平経由で湯元温泉まで下り1時間50分◆湯元温泉まで、鉄道／JR日光線・東武日光線日光駅からバス1時間26分湯元温泉下車、車／日光宇都宮道路清滝ICから約45分

難易度 ★★☆

奥日光湯元温泉

紫雲荘☎0288-62-2528、日帰り入浴1000～2500円（人数により変動、12:00～15:00の間の50分貸切制、要確認）◆泉質＝含硫黄ーカルシウム・ナトリウムー硫酸塩・炭酸水素塩温泉◆源泉温度=74.1度◆湯元温泉バス停から徒歩約3分

小《こ》太《た》郎《ろう》山《さん》と光《こう》徳《とく》温泉

眺望360度の小太郎山の山頂。背後には太郎山へと続く岩稜の尾根が見える

小太郎山　標高2328m

コースタイム→光徳温泉から登り3時間20分・下り2時間30分◆光徳温泉まで、鉄道／JR日光線・東武日光線日光駅からバス1時間10分光徳温泉下車、車／日光宇都宮道路清滝ICから約35分

難易度 ★★☆

光徳温泉

日光アストリアホテル☎0288-55-0585、日帰り入浴1000円（12:30～15:30、要確認）◆泉質＝含硫黄ーカルシウム・ナトリウムー硫酸塩・炭酸水素塩温泉◆源泉温度=78.6度◆光徳温泉バス停近く

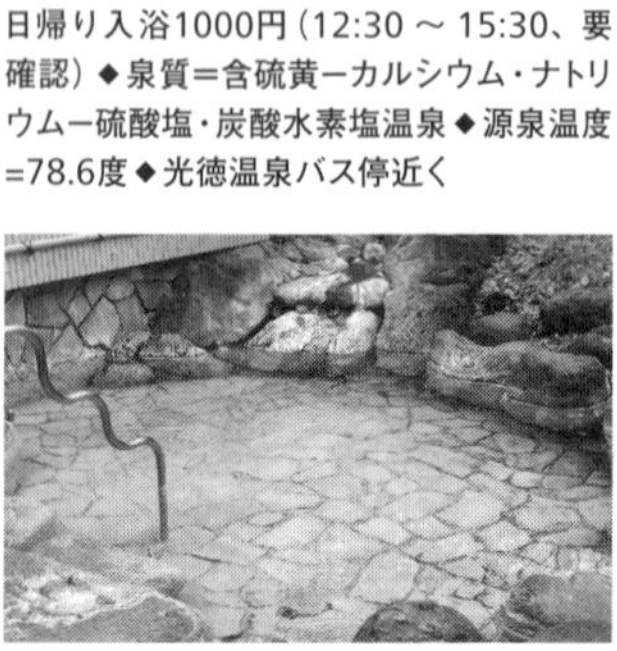
日光アストリアホテルの露天風呂（男湯）

日光連山ファミリーの長男・太郎山手前のピーク

中禅寺湖から戦場ヶ原にかけて、右手に連なる日光連山の眺めは壮観だ。盟主の男体山《なんたいさん》と対を成す女峰山《にょほうさん》を両親として、大真名子山《おおまなこさん》と小真名子山の姉妹、そして一番奥に長男と目される独立峰の趣の太郎山《たろうさん》が連なる。

太郎山へは光徳牧場から美しい広葉樹の森を約1時間かけて山王峠《さんのう》まで登り、奥鬼怒方面に抜ける通称山王林道沿いにある太郎山登山口から山中に分け入る。車の場合はこの登山口周辺の路肩スペースに駐車して登る人がほとんどのようで、私も登山口から700mほど先の広い駐車スペースに車を置いて入山した。

登り始めてすぐの背の高い笹薮の斜面は刈り払い後だったので歩きやすかったが、まもなく薮こぎ状態になった。約1時間で標高2077mの山王帽子山《さんのうぼうしさん》。山頂は樹林の中だが、少しだけ視界が開け、日光白根山や男体山が姿を見せてくれた。ここからいったん鞍部まで下る。途中から太郎山へ続く尾根が気圧《けお》されるほどの高みに見えた。笹に覆われた鞍部への道を慎重に下り、鞍部からはさきほど望んだ樹林帯の尾根の急登に取り付く。やがて下笹の美しい明るい斜面になると、頂上が近づいた期待が高まったが、登り着いたピークは太郎山の山頂ではなく、「小太郎」の山名板がある標高2328mの西峰だった。すぐ背後に40m高い太郎山の山頂を望み、振り返ると男体山を目前に戦場ヶ原や中禅寺湖を俯瞰する大展望が広がっていた。

太郎山の山頂まではここから岩稜のヤセ尾根を行くが、それでも往復40分程度。当然、太郎山に登頂する予定だったが、天候が崩れて霙《みぞれ》混じりの雨になってしまった。残念だが登頂は断念し、今回は小太郎山での絶景で満足することにして撤退を決定。雨具を装着して急ぎ下山したが、笹薮ではびしょぬれになった。この日は誰一人会うこともなく、不安を感じつつ熊鈴をかき鳴らしながらの下山となった。

（23年10月25日初訪、単独行）

リゾートホテルで堪能する奥日光湯元温泉から引く硫黄泉

奥日光湯元温泉から引湯した一軒宿の日光アストリアホテルが光徳温泉を名乗る。バス停の終点で、太郎山登山の基点であるとともに、奥日光湯元温泉から刈込《かりこみ》湖・切込《きりこみ》湖、山王峠を越えて来るハイカーも少なくない。また、光徳牧場や周辺の高原逍遥《しょうよう》を楽しんだ後に訪れる行楽客も多く、白濁する硫黄泉の名湯が男女別の大浴場と森に臨む露天風呂で堪能できる。なお、課外授業等で貸し切られて日帰り入浴不可の日もあるので、事前に確認してから訪ねるのが賢明だ。

小太郎山から男体山と中禅寺湖方面の展望

大にぎわいだった標高2228mの至仏山山頂

小至仏山を越えて至仏山へ続く稜線を望む

至仏山《しぶつさん》と寄居山《よりいやま》温泉

尾瀬ヶ原と燧ヶ岳《ひうちがたけ》の眺望が印象的な「花の名山」

尾瀬ヶ原を挟んで対峙する至仏山と燧ヶ岳は、「日本百名山」の中でもその人気はトップクラスだろう。「花の百名山」にも選ばれている至仏山に登るのは久々で、調べてみたら2003年に至仏山、笠ヶ岳《かさがたけ》を経て水上町（現・みなかみ町）最奥の湯の小屋温泉まで縦走して以来、実に20年ぶりだった。このときは笠ヶ岳からの長い下山路で膝を痛めてしまった苦い思い出が残る。

夏の終わりの未明、長野市在住の伊藤孝男君、地元桐生《きりゅう》市在住の杉戸克洋君、そして千葉市在住の鹿野君と、戸倉の有料駐車場で待ち合わせた。体力抜群の屈強な3人が同行してくれるのは誠に心強い。増便も出た始発4時40分のバスに乗り、鳩待峠《はとまちとうげ》5時20分着。バス停から徒歩5分の鳩待峠で腹ごしらえをして、登山口を6時に出発。登山客の8割がたは尾瀬ヶ原方面へ下って行った。

しばらくは樹林帯を行くが、やがて右前方に尾瀬ヶ原と燧ヶ岳が見えた瞬間は感嘆の声が上がった。オヤマ沢田代《ざわたしろ》、笠ヶ岳分岐を過ぎると、森林限界を越えて一気に視界が開ける。ベンチのある休憩場所で大休止。快晴で残暑も感じない、絶好の登山日和。急いで登ってはもったいない。小至仏山で休憩し、滑る蛇紋岩に注意しながら、快適な尾根歩きを満喫して至仏山に登頂したのは10時ちょうど。コースタイム5割増しの、ゆっくりのんびり登山だった。

なお、鳩待峠へは5月中旬~10月末に通行規制があり、戸倉からバスかタクシーに乗り換えて入ることになる。

(日本百名山、23年8月26日再訪、同行3名)

至仏山登山の帰途に好適な日帰り温泉施設

戸倉の尾瀬ぷらり館に「戸倉の湯」があるが、期間限定の不規則営業なので、ここでは鎌田《かまだ》の道の駅尾瀬かたしな近くにある日帰り温泉施設ほっこりの湯をすすめたい。寄居山温泉を名乗っているが、この地区に湧く鎌田温泉と同源泉である。リニューアルされた清潔感あふれる施設で、風呂は男女別の内湯のみ。ゴロ寝できる休憩室もあるので、ゆっくりできる。

清潔感漂うほっこりの湯の内湯(男湯)

至仏山 標高2228m

コースタイム→鳩待峠から登り2時間40分・下り2時間10分◆鳩待峠まで、鉄道/JR上越線沼田駅からバス1時間30分の戸倉乗り換え30分終点下車、車/関越自動車道沼田ICから戸倉まで約1時間

難易度 ★☆☆

寄居山温泉

ほっこりの湯☎0278-58-4568、入浴料650円(13:00 ~ 20:00、行楽シーズンと祝日を除く木曜休)◆泉質=アルカリ性単純温泉◆源泉温度=52.5度◆戸倉からバス20分の鎌田下車すぐ(車で約20分)

至仏山の山頂目前でアップダウンを繰り返す登山道。右前方は尾瀬ヶ原と燧ヶ岳

稲《いなつつみやま》包山と法《ほうし》師温泉

落葉を踏みしめ明るい樹林が続く稲包山への道

　稲包山は上越国境付近にそびえる尖峰で、四万川《しまがわ》の水源として古くから麓に住む四万の人々から崇敬されてきた霊峰である。私は登山者の少ないこの孤峰に惹かれ、03年と19年の秋、そして20年初夏の3回、いずれも四万温泉奥の奥四万湖畔から登ったが、今回はみなかみ町側からの往復コースにしてみた。

　みなかみ町側の登山口、法師温泉手前の赤沢スキー場で同行する鹿野、伊藤両君と待ち合わせた。登山口からゲレンデ脇を少し登ったところに四万温泉への道標が出る。簡素な休憩舎がある赤沢峠までは美しい広葉樹林の中を行く。赤沢林道と呼ばれる登山道は、足首が埋まるほど落葉が積もっていた。思いのほか長い峠路をひたすら登ると、やがてブナの疎林の中に赤沢峠の休憩舎が見えた。ここから右手にのびる尾根道が稲包山への登拝道だ。

　小ピークまで登り、いったん鞍部まで下って登り返す。ブナやミズナラが葉を落とした明るく気持ちのよいルートを進むと、樹間に稲包山の尖峰が見え隠れする。山頂直下は急登だが、一気に登り詰めた狭い山頂には、四万の人々によって祀られた1804（文化元）年建立の石宮と山頂標示柱があるだけだ。晴天なら谷川連峰をはじめとする上越国境の山々が一望できるはずだが、この日はガスが立ち込め視界はゼロ。風も強く、わずか5分で山頂を辞した。

長寿館のシャワーも付いた長寿乃湯

背後の上越の山々が望めなかった稲包山山頂

ブナやミズナラの美しい広葉樹の森を行く登山道。時折、樹間から稲包山の尖峰が覗く

なお、この山域は5～9月頃にかけては山ヒルが多く、晩秋登山にしたのもそのためだ。下山後、法師温泉の日帰り入浴時間に間に合わない場合は、猿《さる》ヶ京《がきょう》に共同浴場がある。

（23年11月24日再訪、同行2名）

国境越えの旅人や文人墨客に愛された名湯

法師温泉は、秘湯というよりも名湯と呼ぶのがふさわしい、一軒宿の古湯である。江戸時代の旅籠《はたご》を想像させる外観で、一瞬にして法師温泉モードに包まれる。木造宿泊棟4棟のうちの本館と別館、独立浴場棟法師乃湯は国の登録有形文化財。足元湧出泉の法師乃湯と長寿乃湯のほか、単純温泉の別源泉を引く内湯と露天風呂の玉城乃湯もある。日帰り入浴の時間が短いので、前泊か後泊して名湯を堪能したいところだ。

稲包山

標高1598m

コースタイム→赤沢スキー場登山口から登り3時間40分・下り3時間10分◆赤沢スキー場登山口まで、鉄道／上越新幹線上毛高原駅からバス30分の猿ヶ京乗り換え（法師温泉行き）13分赤沢スキー場入口下車徒歩7分、車／関越自動車道月夜野ICから約40分

難易度 ★★☆

法師温泉

長寿館☎0278-66-0005、日帰り入浴1500円（11:00～13:30受付止、水曜休）◆泉質＝カルシウム・ナトリウム－硫酸塩泉ほか◆源泉温度=42.2度ほか◆赤沢スキー場から徒歩約25分（車で約5分）

標高2158mの武尊山山頂の沖武尊にて

中ノ岳の登り。後方は左から至仏山と燧ヶ岳

武尊山《ほたかやま》と幡谷《はたや》温泉

残雪を踏んで絶景の山頂を目指す初夏の武尊山

武尊山の初訪は15年10月、北西麓のみなかみ町側から登った。次は南麓のオグナほたかスキー場から23年11月に登ったが、天候に恵まれず前武尊《まえほたか》で撤退。満を持して24年5月25日、至仏山《しぶつさん》と同じメンバーでほたか牧場キャンプ場からのコースに挑んだ。キャンプ場へのゲート開閉時間は8～17時。8時まで待つと私の足では不安なので、6時に出発。車道を約1時間歩くが、それでも1時間早く入山できる。キャンプ場まで鹿野君に同行をお願いし、伊藤・杉戸両君にはゲートが開く8時に車で入ってもらう作戦である。

キャンプ場を7時15分に出発。登山口から2㎞ほどは、屈指のブナの美林を行く。やがて針葉樹林帯になり、1時間半で武尊避難小屋前を通過。それから間もなく、伊藤・杉戸両君に追いつかれた。中ノ岳までの登りは雪解け水でぬかるみ、残雪が現れると沢状態。ようやく林間を抜け出すと、一気に視界が開け、後方には皇海山《すかいさん》、日光白根山、燧ヶ岳、至仏山が一望になった。

前武尊との分岐点までは、唯一の難所の岩場や大きな雪渓も残っていた。分岐から武尊山に至る区間は快適で、最後の急登では日本武尊《やまとたけるのみこと》像が迎えてくれた。12時26分、武尊山最高点の沖武尊に登頂。快晴の山頂は大パノラマ台で、なかでも残雪輝く谷川連峰や尾瀬の山々、ミネザクラの花が印象的だった。

山頂での眺望とランチを1時間近くも楽しみ、13時20分に下山開始。キャンプ場の駐車場には16時26分に帰還した。（日本百名山、23年5月26日再訪、同行3名）

正真正銘の源泉かけ流しのぬる湯の名湯

武尊山の下山後の一浴に推奨したいのが幡谷温泉ささの湯だ。宿泊も可能な日帰り入浴主体の一軒宿で、キャンプ場も併設している。この手の入浴施設では希少な源泉かけ流しを堅持する優良施設だ。男女別の風呂は、大きめの内湯と河畔の森を望む露天岩風呂。ややぬるめの風呂は存分に長湯が楽しめ、夏場などはまさに極上の温泉三昧の時間が過ごせる。

幡谷温泉ささの湯の露天風呂（男湯）

武尊山　標高2158m

コースタイム→ほたか牧場キャンプ場から武尊山（沖武尊）まで登り3時間30分・下り3時間◆ほたか牧場キャンプ場まで、鉄道／JR上越線沼田駅からタクシー約1時間10分、車／関越自動車道沼田ICから約1時間

難易度★★☆

幡谷温泉

ささの湯☎0278-58-3630、入浴料700円（11:00～20:00、無休）◆泉質＝アルカリ性単純温泉◆源泉温度=42.1度◆ほたか牧場キャンプ場から車で約30分

中ノ岳をトラバースし、残雪を踏んで山頂を目指す。左端が武尊山（沖武尊）のピーク

子《こ》持《もち》山《やま》と金《かな》島《しま》温泉

獅子岩から柳木ヶ峰にかけての登り。後方には獅子岩の奇観と榛名山方面が広がる

子持山 標高1296m

コースタイム→七号橋登山口から登り2時間・下り1時間35分（大ダルミ経由）◆七号橋登山口まで、鉄道／JR上越線渋川駅からタクシー約30分、車／関越自動車道赤城ICから約20分

難易度 ★★☆

金島温泉

富貴の湯☎0279-23-0001、入浴料500円（10:00 ～ 21:00、毎月15日休・土日祝の場合は翌平日休）◆泉質＝カルシウム・ナトリウム－塩化物温泉◆源泉温度=33.1度◆七号橋駐車場から車で約30分

金島温泉・富貴の湯の露天風呂

地質学的に貴重とされる富士山型の成層火山

群馬県の中央部、渋川《しぶかわ》市と沼田市にまたがる子持山は、標高１３００ｍにも満たない低山だが、その成り立ちも歴史も古く、地質学的には貴重な山といわれる。資料によれば50万～60万年前頃に噴火活動を繰り広げた富士山型の成層火山で、その成り立ちを示す痕跡が顕著だという。日本武尊《やまとたけるのみこと》の創建とも伝わる古社の子持神社が山麓に鎮座しているが、その参道下を通過してさらに林道を詰めた七号橋の駐車場まで入れる。

この日は前日の至仏山に続き、長野市在住の伊藤君が同行してくれた。橋を渡った先の登山道入口から入山し、林間ルートを登るとまもなく屛風岩の下に出る。渋川市が設置した「子持山登山道案内板」の解説によれば、この屛風岩は柱状節理が水平に入った一枚の岩板（岩脈の一つ）で、その岩の上にも立てるそうだ。ここは先を急ぎ、急登を経て六号橋からのルートと合流する尾根で左折。次に目指すのが獅子岩（別名大黒岩）だ。この屹立する岩峰は、火道に詰まっていたマグマが冷え固まり、激しい浸食に打ち勝って残された火山岩頸で、山頂はカルデラ内にできた中央火口丘だそうである。獅子岩には鉄ハシゴとクサリを使ってよじ登ることもできるが、基部を迂回した反対側からのほうが登りやすい。ピークには立てなかったが、展望台までは登ることができた。なかなかの絶景である。獅子岩から急登を行くと、まもなく復路に採る大ダルミ方面への分岐点の柳木ヶ峰。そこから山頂までは20分ほどだが、補助ロープが設置された岩場の急登がある。

十二《じゅうに》山神《さんしん》碑《ひ》と山名標示板、それに一等三角点があるだけの樹木に囲まれた山頂は、東面だけが開け、沼田市街や日光連山、赤城山などの眺望が得られるはずだったが、この日はどんよりとして遠方の山まで視界が届かなかった。

復路は柳木ヶ峰から転げ落ちるような急坂を大ダルミまで下り、左折して八号橋経由のルートを下山した。（23年8月27日初訪、同行1名）

加温かけ流しの療養泉が堪能できる日帰り温泉施設

マイカー登山の人におすすめなのが、JR吾妻《あがつま》線《せん》金島《かなしま》駅の近くにある金島温泉の日帰り温泉施設富貴の湯。七号橋駐車場から子持神社入口に戻り、渋川市と高山村を結ぶ県道経由で約30分にある平屋建てのこぢんまりとした造りの施設だが、温泉は極上。内湯と露天岩風呂にやや茶色がかった加温かけ流しの湯があふれる。安価な入浴料と休憩室があるのも好評で、登山帰りの一浴に絶好だ。

獅子岩の展望所から子持山方面を望む

高山三山《たかやまさんざん》と高山《たかやま》温泉

三山縦走が楽しい高山村の「ふるさとの山」

群馬県北西部に位置する高山村は、四囲《しい》を１２００ｍ級の山々に囲まれた中山盆地に村の中心部がある。かつては三国街道が南北に縦断し、現在もその街道に沿って渋川市からみなかみ町へと抜ける県道が貫き、沼田市から中之条町に至る国道１４５号が東西を横断する交通の要衝《ようしょう》となっている。

その中心部にあるのが道の駅中山盆地。中核は日帰り温泉施設高山温泉ふれあいプラザで、現在は農産物直売所やレストランなどを併設し、一帯は高山ふれあいパークとして整備されている。この道の駅から正面に望まれるのが、渋川市との境に連なる小野子山《おのこやま》、中ノ岳、十二ヶ岳《じゅうにがだけ》の三山だ。地元では「三並《みなみ》山《やま》」と呼ぶようだが、本書では格調高く「高山三山」とした。

中山峠寄りの県道分岐から約２km先に小野子山赤芝登山口がある。小野子山までは林間の急登を約1時間10分。標高１２０８ｍの小野子山が三山では最高だが、樹林の中で展望はあまりよくない。いったん鞍部まで下り、中ノ岳まで登り返す。樹林の中の中ノ岳山頂から下った鞍部は十字路で、左からはＪＲ吾妻線小野上温泉《おのがみおんせん》駅方面からのルート（往復5時間程度）が合流する。

鞍部から十二ヶ岳までは急登になるが、25分ほどで山頂だ。小野子山よりは７ｍ低いが、三山の中では十二ヶ岳からの展望が抜群である。

高山温泉ふれあいプラザの露天風呂

道の駅中山盆地から高山三山を望む

上信越国境の山々など360度の大パノラマが広がる十二ヶ岳の山頂。正面は榛名山

十二ヶ岳からは十二ヶ岳登山口まで下り、そこから舗装の林道を赤芝登山口まで戻るが、この炎天下の6kmのロードがきつかった。十二ヶ岳までのピストンが得策かもしれない。

（23年9月3日初訪、単独行）

露天風呂から三山を望む道の駅の温泉

高山温泉ふれあいプラザは、1996（平成8）年の完成当時、ヨーロッパの古城を想わせる斬新なデザインの建築としゃれた浴場が話題になった日帰り温泉施設だ。その印象は今も色あせず、道の駅中山盆地の中核施設となっている。風呂はサウナ付き大浴場と寝湯付き露天風呂が2ヶ所あり、週替わりの男女交替制。露天風呂からは高山三山や子持山、夜は満天の星が眺められるとあって、好評を博している。

高山三山
標高1208m（小野子山）

コースタイム→小野子山赤芝登山口から十二ヶ岳まで2時間40分・十二ヶ岳から林道経由小野子山赤芝登山口まで2時間20分◆小野子山赤芝登山口まで、鉄道／JR上越線渋川駅からタクシー約30分、車／関越自動車道渋川伊香保ICから約30分

難易度 ★☆☆

高山温泉

ふれあいプラザ☎0279-63-2000、入浴料600円（10:00～21:00、毎月10日休・祝日の場合は翌平日休）◆泉質＝ナトリウム・カルシウム－塩化物温泉◆源泉温度=49.6度◆赤芝登山口から車で約10分

四阿山《あずまやさん》と嬬恋高原《つまごいこうげん》温泉

群馬県側では吾妻山と記す日本百名山の四阿山

四阿山には、２０１７年5月に長野県側の菅平《すがだいら》高原から登ったが、山麓にめぼしい温泉がないので『温泉百名山』には選定しなかった。今回は鳥居峠コースと嬬恋高原温泉の組み合わせによる選定である。

四阿山へは古くから鳥居峠から登るルートが、山頂に祀られた白山権現《はくさんごんげん》への登拝路（上州古道）だった。また、鳥居峠は日本武尊《やまとたけるのみこと》が亡き妻を偲んだという伝説の地で、吾妻郡や嬬恋村の名前もここからきていて、群馬県側では四阿山ではなく吾妻山と記すことにも、群馬県側のこだわりが見える。

登山口は、国道１４４号鳥居峠から３km入った林道の終点にある。登山道は２本あるが、ここでは旧登拝道の「花童子《げどうじ》の宮跡《みやあと》コース」を登り、「的岩《まといわ》コース」を下山するルートを採った。林間を登ること約40分で、花童子の宮跡に着く。花童子とは白山大権現を勧請した修験者で、その徳を称《たた》えて祀ったという旧跡だ。さらに50分ほどで的岩コースが合わさる東屋のある展望地。ここから標高を上げて1時間弱、右手に5分ほど下った斜面に霊水として崇められた嬬恋清水がある。標高２１７９ｍの関東最高地点からの湧き水である。

分岐から10分ほどで菅平からの登山道を合わせ、木段を登り詰めたところが、標高２３５４ｍの四阿山の山頂だ。大展望が広がる山頂には、上州の宮と

嬬恋高原温泉・つつじの湯の露天風呂

東篭の塔山から浅間外輪山、浅間山の眺望

標高2354mの四阿山の山頂。群馬県側の標柱には「吾妻（四阿）山頂」と記されている

信州の宮の2つの神社が祀られ、「吾妻（四阿）山頂」と群馬県側の標柱に記されているのも興味深い。

復路に採った的岩コースの的岩とはマグマが冷却されて地上に露出した岩脈の一枚岩のことで、名称は源為朝か源頼朝が矢を射かけたという伝承に由来するという。

（日本百名山、23年6月6日再訪、単独行）

高原キャベツの名産地に湧出する療養泉

高原キャベツで知られる嬬恋高原に、充実した設備と効能豊かな療養泉である嬬恋高原温泉の日帰り温泉施設つつじの湯がある。風呂は男女別に大浴場と冷泉風呂、露天岩風呂、サウナと岩盤浴も備える。温泉は、持ち味が保たれた加温かけ流しの緑褐色のにごり湯だ。食事処や休憩所の寝ころび座敷も完備。

四阿山
標高2354m

コースタイム→鳥居峠登山口から登り2時間50分・下り2時間10分◆鳥居峠登山口まで、鉄道／JR吾妻線万座・鹿沢口駅からタクシー約40分、車／上信越自動車道東部湯の丸ICから約1時間（関越自動車道渋川伊香保ICから約1時間40分）

難易度 ★★☆

嬬恋高原温泉

つつじの湯☎0279-98-0930、入浴料750円（10:00～21:00、木曜休・8月は無休）◆泉質＝ナトリウム・カルシウム－炭酸水素塩・塩化物温泉◆源泉温度＝38.5度◆鳥居峠下山口から車で約20分

山頂直下にある展望地から榛名湖を俯瞰

硯岩から眺望する榛名湖と榛名富士の絶景

榛名山《はるなさん》と榛名湖《はるなこ》温泉

湖と榛名富士、大展望を手軽に楽しめる最高峰

榛名山は、群馬県を代表する人気の山岳リゾートだ。上州三山の赤城山、妙義山と同様、榛名山は山塊の総称で、二度の爆発による隆起や陥没などの結果、複雑な山塊が形成されたという。榛名湖はカルデラ湖、榛名富士は中央火口丘、周囲の山々は外輪山や寄生火山というわけだ。

今回は、標高1449mの最高峰・掃部ヶ岳《かもんがたけ》を往復し、湖畔を歩いて榛名湖温泉で汗を流して帰るファミリー向きのプランにしてみた。

高崎駅からのバスは榛名湖南岸が終点なので、硯岩《すずりいわ》を経由する掃部ヶ岳登山口まで約20分歩く。手前の湖畔の宿記念公園から直接掃部ヶ岳に直登するコースもあるが、ここでは硯岩経由のルートへ。登山口は榛名湖荘（旧国民宿舎榛名吾妻荘《あづまそう》）の先にあり、車の場合は手前の無料駐車場を利用できる。

すぐに登山道に入り、下笹の美しい道と階段を登り詰めた十字路の尾根で右へ。5分ほどの急登でビューポイントの硯岩があり、ここから眺める榛名湖と榛名富士の眺めが素晴らしい。十字路に戻り、山頂を目指す。笹が深くなる斜面に長く急な階段が続き、それを登り切った先にある展望地からの榛名湖も美しい。さらにひと登りで、小広場の山頂に到着。南面が開け、快晴なら妙義山や八ヶ岳《やつがたけ》連峰、南アルプスまで視界に入る好展望台である。

登山口に戻り、榛名湖を隔てた正面に掃部ヶ岳を望む北岸の榛名湖温泉目指して、心地よい湖畔を25分ほど歩く。

（日本二百名山、23年11月2日再訪、単独行）

榛名湖北岸にポツンと建つ療養泉の一軒宿

榛名湖温泉・ゆうすげ元湯は、榛名富士を背に前面に榛名湖を望む景勝地に、4階建ての本館と温泉付きコテージがある榛名湖畔唯一の温泉宿。2階にある風呂はサウナ付き大浴場と露天風呂で、日帰り入浴も遅くまで受け付けているので、ゆっくりと温泉を楽しめる。伊香保温泉行きバスの始発点でもあり、榛名湖バス停で高崎駅行きに乗り継ぎも可能だ。

榛名湖温泉・ゆうすげ元湯の大浴場

榛名山　　標高1449m（掃部ヶ岳）

コースタイム→掃部ヶ岳登山口から登り1時間20分・下り1時間◆掃部ヶ岳登山口まで、鉄道／JR高崎線高崎駅からバス1時間25分の榛名湖下車徒歩20分、車／関越自動車道渋川伊香保ICから約40分

難易度 ★☆☆

榛名湖温泉

ゆうすげ元湯☎027-374-9211、日帰り入浴2時間まで520円（10:30～21:00・水曜は15:00～）◆泉質＝ナトリウム・カルシウム・マグネシウム－塩化物・硫酸塩温泉◆源泉温度=35.0度◆下山口から徒歩約25分

南面が開ける掃部ヶ岳の山頂。快晴なら八ヶ岳連峰や南アルプスまで視界に入る

浅間隠山《あさまかくしやま》と相間川《あいまがわ》温泉

浅間山の大観を目前にする展望抜群の秀峰

浅間隠とは群馬県側から見て、この山が浅間山を隠してしまうことに由来する。群馬側から二度《にど》上峠《あげとうげ》に向かう途中の川浦地区では「川浦富士」の愛称もある。また、北麓《ほくろく》には秘湯として知られる鳩ノ湯温泉三鳩楼《さんきゅうろう》と薬師温泉旅籠《はたご》の2軒の宿がある浅間隠温泉郷があり、この奥に浅間隠山への登山口がある。当初はここから登る計画だったが、下見したところ登山口までの道は荒れ放題で、普通車では通行困難。となれば、浅間隠山への最短ルートとなる旧倉渕村《くらぶちむら》と北軽井沢を結ぶ県道の途中、二度上峠の１km手前にある登山口から登るのが妥当な選択ということになる。

実は、２０２３年9月9日早朝に長野市在住の伊藤君と登山口の駐車場で待ち合わせたが、天候に恵まれず登頂を断念していた。リベンジのこの日も早朝に伊藤君と駐車場で待ち合わせた。

登山口の看板には「山頂まで約90分、２・１km」とある。この登山道は山頂近くまで林間を行くが、下笹とカラマツやコナラなどの広葉樹の道は美しく、飽きることはなかった。尾根に出ても、散策気分の緩やかな登りが続く。やがて、樹間に浅間隠山の鋭峰が見え隠れし、ひとしきり急登区間があるものの、その上の展望の開けた草付きの斜面に出ると、思いのほか広々とした山頂はすぐだった。

登山口を9時50分に出発し、途中15分休憩しただけで、山頂には11時40分に着いた。あいにく遠望はきかなかったが、浅間山は姿を見せてくれた。山頂方位盤には、上州三山や志賀草津の山々、八ヶ岳連峰、さらに南・北・中央アルプスや富士山までが記されている。手頃な時間で登れるし、ここは大気が澄む秋から雪

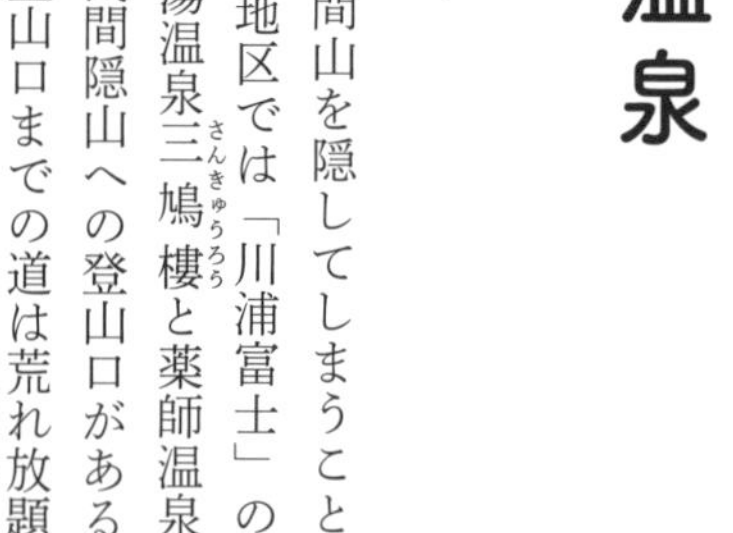

下笹と広葉樹が抒情的な山頂も覗く登山道

開放的な浅間隠山の山頂。あいにくの曇天だったが、浅間山は姿を見せてくれた

のない冬晴れの日に、再度登ってみたいと思わせるいい山だった。

（日本二百名山、23年10月28日初訪、同行1名）

濃厚な成分を含むかけ流しの茶褐色の湯

浅間隠山から下山して権田《ごんだ》から国道406号を高崎方面に進むと、ほどなく相間川温泉へ右折の案内看板が出る。のどかな山里の奥まった場所、権田から10分弱の距離だ。ふれあい館は旧倉渕村が都市農村交流を目的として建設したクラインガルテン（小さな庭の意）の中核施設で、宿泊施設や食事処を備えた温泉休養施設。温泉は鉄分を含んで茶褐色に変わる濃厚な湯で、大浴場と露天風呂でとびきり温まると評判の療養泉が堪能できる。

浅間隠山　標高1757m

コースタイム→二度上峠下登山口から登り1時間35分・下り1時間10分◆二度上峠下登山口まで、鉄道／北陸新幹線軽井沢駅からタクシー約1時間、車／関越自動車道高崎ICから約1時間20分

難易度 ★☆☆

相間川温泉

ふれあい館☎027-378-3834、日帰り入浴3時間まで520円（10:30 ～ 19:00、火曜休）◆泉質=ナトリウム・カルシウム－塩化物強塩温泉◆源泉温度=62.6度◆二度上峠下の下山口から車で約30分

相間川温泉・ふれあい館の内湯（男湯）

稲含山《いなふくみやま》と下仁田《しもにた》温泉

1時間強で山頂に立てる西上州の展望台

関東平野の北西端に位置する稲含山は、群馬県西部の甘楽町《かんらまち》や下仁田町から望むとひときわ目立つ「ふるさとの山」の代表格だ。山頂近くには甘楽町側に秋畑《あきはた》稲含神社、下仁田町側に下仁田稲含神社が鎮座し、ともにインドから渡来して養蚕と稲作を広めたと伝わる豊稲田姫《とよいなだひめ》を祭神としている。古くから養蚕と五穀の守り神として崇拝され、伝統的な神事も継承されている。

登山口（登拝路口）となるのは、両町を結ぶ車道の町境の峠で、稲含山の肩の部分に当たる。下仁田町側は峠（茂垣《もがき》峠と呼ぶ）から、甘楽町側は峠（鳥居峠と呼ぶ）から少し下ったところになる。その相違は、江戸時代に稲含神社の領有をめぐって両地が争った歴史が、いまも尾を引いている印象を受ける。

ここでは、駐車場の広い下仁田町側の茂垣峠を基点にする。駐車場から林道を進むとすぐに大きな赤い鳥居が迎える。登山道はここからスタートだ。林間の急登が続き、左に秋畑稲含神社への道を分けるとクサリも設置された箇所も出てくるが、難所というほどでもなく、登り切ると下仁田稲含神社の前に出る。ここから展望が開ける山頂まではひと登りだ。

西上州の展望台とも屋根とも称される山頂からの眺望は抜群で、快晴ならば上毛《じょうもう》三山や荒船山、上越国境の山々や北アルプスまでも視界に入る。

下仁田温泉・清流荘の露天風呂

登拝路だけにクサリが設置された箇所もある

稲含山の山頂では、標高1370mとは思えないほどのワイルドな眺望が広がる

復路は秋畑稲含神社経由の甘楽町側の登拝道を下る。この神社は近年登山口下の道路沿いに遷座《せんざ》したので旧社殿が残るだけだが、歴史を物語る解説板はそのままだ。二ノ鳥居、神の水を経て、一ノ鳥居で左に登り返すと茂垣峠に戻る。

（23年5月22日再訪、単独行）

渓流沿いの自然境に佇む一軒宿の秘湯

稲含山の下仁田町側の山麓、渓流沿いに一軒宿の下仁田温泉がある。飼育する猪、鹿、キジや自家栽培の野菜を使った猪鹿鳥《いのしかちょう》料理に定評がある。温泉は自然湧出の二酸化炭素泉で、広大な敷地の一角に設けたワイルドな露天風呂を日帰り入浴に開放している。入浴時間が過ぎた場合や休みの際は、ここから車で20分程度の荒船の湯や芹の湯が利用できる。

稲含山
標高1370m

コースタイム→稲含山登山口から下仁田稲含神社経由で登り1時間10分・下り秋畑稲含神社旧社経由で1時間◆稲含山登山口まで、鉄道／上信電鉄下仁田駅からタクシー約30分、車／上信越自動車道下仁田ICから約45分

難易度 ★☆☆

下仁田温泉

清流荘☎0274-82-3077、日帰り入浴1000円（11:00～14:00受付止・15:00退出、火・水曜休、要確認）◆泉質＝含二酸化炭素－カルシウム・ナトリウム－炭酸水素塩冷鉱泉◆源泉温度=13.7度◆稲含山登山口から車で約15分

烏帽子岳《えぼしだけ》と浜平《はまだいら》温泉

「つる舞う形の群馬県」の右翼にそびえる岩峰

群馬県の郷土愛を謳う「上毛《じょうもう》かるた」に「つる舞う形の群馬県」があるが、その右翼部分の西南端に位置するのが埼玉・長野と県境を接する上野村だ。

私はこの上野村で2歳から中学を卒業するまで育った。広大な村の面積の約94%を山岳と森林が占める上野村は典型的な辺境の地で、その頃は「群馬の秘境」「群馬のチベット」といわれていた。烏帽子岳はその村の北西端、南牧《なんもく》村との境に連なる岩稜の一角を占める鋭い岩峰である。

烏帽子岳に初めて登ったのは中学生時代のことで、山好きの美術教師に引率されての初登山だった。この山頂に立って、広大な関東平野と雄大な浅間山を眺めたときの記憶はいまなお鮮明である。V字谷の村に住む井の中の蛙《かわず》が、初めて世の中の広さを知った瞬間だったように思う。

烏帽子岳へは、南牧村との間にトンネルが開通して便利になった塩ノ沢《しおのさわ》集落から、南牧村への旧道を3km ほど先の天狗岩登山口から。まずは約1時間の天狗岩へ。天狗岩は春のヤシオツツジが美しい岩峰で、岩稜の先端にそびえる鋭峰が天狗岩より2m高いだけの烏帽子岳だ。天狗岩も西上州の山並みや浅間山も望める好展望地なので、ここまでは通りすがりに登る観光客も少なくないが、運動靴程度は必要である。

天狗岩からいったん鞍部まで下り、向かいのシラケ山へ。ここも岩峰で、標高は1274m。ここから険しい岩稜ルートになるので、山腹を横巻き*する迂回路が初級者向きだ。天狗岩から烏帽子岳まで約1時間20分。山頂直下に補助ロープが設置された険しい岩場があるが、そのほかは美しい広葉樹林帯を行く。

石祠が祀られた展望抜群の烏帽子岳の山頂

＊横巻き…山の斜面を横切ること。トラバースとも。

天狗岩から烏帽子岳（左中央の突起状の岩峰）に続く岩稜と西上州の山々を望む

9学年年下の幼馴染の哲ちゃん（現・上野村教育長）、山村留学児童を担当する菜都ちゃんと3人で登った23年5月25日は、シラケ山からの岩稜通過で予定時間を超過したため、烏帽子岳目前で撤退。11月4日に鹿野・柴田両君とリベンジした。

（23年11月4日再訪、同行2名）

神流《かんな》川の源流沿いにある日帰り温泉施設

日本三百名山の諏訪山の登山口で、秘湯ファンに親しまれた浜平《はまだいら》鉱泉（廃湯）の手前、本谷《ほんたに》川と中ノ沢が合流する三岐《みつまた》地区にあるのが浜平温泉の日帰り温泉施設しおじの湯。男女別の内湯と露天風呂のほか、名物イノブタ料理が味わえる食事処やリフレッシュルームも完備。

烏帽子岳　標高1182m

コースタイム→天狗岩登山口から登り2時間10分・下り1時間40分◆天狗岩登山口まで、鉄道／JR上信電鉄下仁田駅からタクシー約40分、車／上信越自動車道下仁田ICから約1時間

難易度 ★☆☆

浜平温泉

しおじの湯☎0274-59-3955、入浴料600円（11:00～19:00・土曜～20:00、火曜休・祝日の場合は翌日休、冬期別定）◆泉質＝温泉法上の温泉（メタけい酸含有）◆源泉温度=11.9度◆下山口から車で約20分

浜平温泉・しおじの湯の内湯（男湯）

武《ぶ》甲《こう》山《さん》と武《ぶ》甲《こう》温泉

武甲山山頂の展望台。眼下に秩父盆地や彼方に山々を望むが、柵の下は断崖絶壁だ

秩父《ちちぶ》地方の精神的支柱の「ふるさとの山」

武甲山は秩父地方の人々にとっては「神の山」であり、「ふるさとの山」であった。と過去形で記すのも、山麓から見上げる現在の山容は、無残な姿になっているからだ。石灰石採掘関連が地場の主要産業であり、秩父地方の人々の数多くがその事業に携わることが生業《なりわい》となったことが、石灰石で成り立つ武甲山の不幸だったというほかはない。文字通り、身を削って地元の人々を救済しているとさえ見える。

それでも、武甲山への古くからの登拝道まで破壊されていないのは、せめてもの救いといえるだろう。表参道

武甲山　標高1304m

コースタイム→一の鳥居登山道入口から登り2時間10分・下り1時間40分◆一の鳥居まで、鉄道／西武秩父線横瀬駅からタクシーで約15分（徒歩約1時間30分）、車／関越自動車道花園ICから約1時間

難易度 ★☆☆

武甲温泉

秩父湯元武甲温泉☎0494-25-5151、入浴料700円（土日祝900円・特定日は別定、10:00～21:00、無休）◆泉質＝アルカリ性単純硫黄冷鉱泉◆源泉温度=22.0度◆横瀬駅から徒歩約10分

秩父湯元武甲温泉の露天風呂（男湯）

は駐車場やトイレが整備された一の鳥居（一丁目）から始まる。コンクリートの舗装路を30分ほど歩くと、登山道入口（十五丁目）。道中には小刻みに丁目石《ちょうめいし》*が置かれ、山頂の武甲山御嶽《みたけ》神社は五十二丁目だ。

次のポイントの大杉の広場（三十二丁目）まで約1時間。途中には不動滝の水場があり、山頂にある水洗トイレ用の水を登山者が運び上げてくれるようにとペットボトルがたくさん置かれていた。表登山道の大半は杉林の中で、古くからの信仰の山らしく老杉《ろうさん》が目立つ。大杉の広場から傾斜もきつくなった登山道の杉林をおよそ40分で、武甲山御嶽神社前の明るい広場に到着。ここだけが広葉樹に囲まれている。その神社の裏手に展望台があり、標高１３０４ｍの山頂標示が立っていた。明治時代は１３３６ｍあったそうだが、大正時代から始まった石灰石採掘によって32ｍも低くなったことになる。展望台からは秩父盆地を眼下に、晴れた日は西上州や日光方面の山々が望めるが、フェンスから下を覗くとそこは石灰石採掘の断崖絶壁である。

武甲山は、人間の経済活動に翻弄された山であり、地域の特殊性や人間の傲慢と悲哀、自然との共生の難しさとか、そういったことを考えさせる戒《いまし》めの山と言えるのではないか、と痛切に思った。

（日本二百名山、23年11月1日初訪、単独行）

登山口の最寄り駅近くにある日帰り温泉施設

秩父湯元武甲温泉は、開業約30年の秩父エリアでは老舗の日帰り温泉施設で、地元の人たちも銭湯代わりに通うほどの人気ぶり。風呂は男女別で、サウナ付き大浴場はジェットバス付きの大浴槽と小浴槽、外には露天風呂（男湯は六角形の檜風呂、女湯は岩風呂）がある。温泉は肌をすべすべにする単純硫黄泉。館内は広く、食事処兼大広間や静かな中広間も備えている。横瀬《よこぜ》駅から徒歩圏で営業時間も比較的遅くまでやっているので、下山後にくつろぐには絶好の施設だ。

山頂の武甲山御嶽神社。狼の狛犬にも注目

＊丁目石…信仰登山の登山者が１丁間隔で目印として設置した石。町目石。

大岳山《おおだけさん》とつるつる温泉

奥多摩で目を引く尖峰とファミリー向きの日の出山

奥多摩の山々の中ではひときわ高い三角錐のピークが大岳山。そのシンボリックな美しい山容が登高意欲をそそるが、御岳《みたけ》山ケーブルカーを利用すればわりと容易に登頂でき、丹沢《たんざわ》方面の山並みと富士山の絶景を満喫できる。

ケーブルカーの御岳山駅から武蔵御嶽《むさしみたけ》神社が鎮座する御岳山まで門前の集落と石段の参道を約30分。ここまでは行楽客の領分だ。その石段途中の随身門《ずいじんもん》の上で、大岳山へのルートが分かれる。まずは古社に参拝してからスタート。

しばらくは山腹を横巻きする、ほぼ平坦の快適な散歩道。ロックガーデンからの道を合わせ、雑木林の斜面にのびる道を登り着いた尾根道を右に進み、クサリ場もある岩場を抜け出すと、大岳山荘上に出る。大岳神社の鳥居をくぐって登り、急峻な岩場を抜けると、突然といった印象で大岳山の山頂に飛び出す。小広場になった山頂から望む、丹沢の山々や富士山の眺めは絶景である。

大岳山から御岳山まで戻ったら、日の出山への参道の神代《じんだい》ケヤキ下から日の出山を経てつるつる温泉に下山する。日の出山への登山道は平坦な部分が多く、歩きやすい。まもなく杉林の中になり、上養沢《かみようさわ》分岐から先の階段状の坂を登り詰めた尾根上に東雲《しののめ》山荘とトイレがあり、山頂はもう一息。細長い展望広場風の日の出山の山頂は休憩舎やベンチもあり、関東平野や都心方面、御岳山や大岳山など

こちらは和風の大浴場。外に露天風呂がある

御岳山と組んだ軽めハイクも人気の日の出山

小広場の大岳山山頂。西南の視界が開け、丹沢方面の山並みや富士山を眺望

奥多摩の山々を望む絶好の休憩ポイントだ。

山頂からは随所に現れる「つるつる温泉」の案内看板に導かれて下る。車道に飛び出したところが滝本で、そこからつるつる温泉までは約20分の車道歩きになる。

（日本二百名山、23年11月21日再訪、単独行）

その名の通り肌がつるつるになる人気の湯

生涯青春の湯 つるつる温泉が正式名だが、つるつる温泉の略称で親しまれている日帰り温泉施設。日の出山の東麓にあり、遅くまでJR武蔵《むさし》五日市駅行きバスがあるのも便利。泉質はアルカリ性単純温泉で、つるつるの肌ざわりが特徴だ。サウナ付きの風呂は洋風と和風があり、奇数日と偶数日で男女入替制。食事処や休憩所、売店なども充実している人気施設だ。

大岳山
標高1266m

コースタイム→御岳山駅から大岳山まで登り2時間20分・下り日の出山経由つるつる温泉まで3時間20分◆御岳山駅まで、鉄道／JR青梅線御嶽駅からバス＋御岳山ケーブルカーで約20分、車／圏央道青梅ICから約30分で滝本駅駐車場

難易度★★☆

つるつる温泉

つるつる温泉☎042-597-1126、入浴料3時間まで960円（平日18:00以降は750円、10:00～20:00、第3火曜休・祝日の場合は翌日休）◆泉質＝アルカリ性単純温泉◆源泉温度=27.1度◆下山口（JR五日市線武蔵五日市駅までバス20分）

筑波山《つくばさん》と筑波山《つくばさん》温泉

万葉集にも数多く詠まれた富士山と並ぶ名峰

関東平野の東端に美しい双耳峰《そうじほう》を見せる筑波山は、奈良時代の『常陸国《ひたちのくに》風土記』や『万葉集』にも登場する名峰で、古くから「西の富士、東の筑波」「紫峰」と称えられてきた。もっとも低い日本百名山の一峰でもある。

筑波山にはケーブルカーやロープウェイを利用すれば難なく眺望抜群の山頂に立てる。茨城県きっての観光名所の山だが、登拝道を歩いて山頂を目指せば老杉《ろうさん》やブナ、奇岩怪石の妙が展開する適度な日帰りハイキングが楽しめる。

前日、湯友の別所多恵子さんが企画してくれた「月居山《つきおれさん》と袋田《ふくろだ》の滝を巡るバスツアー」に案内人として参加したあと、筑波山に登るべく、つくば市に移動して泊まった。翌日、快晴の空のもと筑波山神社に参拝し、表参道の御幸ヶ原《みゆきがはら》コースを登った。同行はバスツアーにも参加した千葉在住の鹿野、長野在住の伊藤両君。同じくつくば市に泊まった別所さんと湯友の末廣昌代さんは、ケーブルカーに乗って御幸ヶ原で合流し、男体山《なんたいさん》と女体山《にょたいさん》だけ同行する魂胆である。

登拝道は次第に急勾配になり、ケーブルカー中間点の中ノ茶屋跡で一息入れる。老杉が目立つようになり、男女川《みなのがわ》水源地の先の急勾配の階段を登り切ると、そこがケーブルカー終点で男体山と女体山の鞍部にあたる御幸ヶ原だった。折から紅葉シーズンの日曜日とあって、広場は行楽客で賑わっていた。

老杉が目を引く表参道の御幸ヶ原コース

つくばの湯の筑波山を望む露天風呂

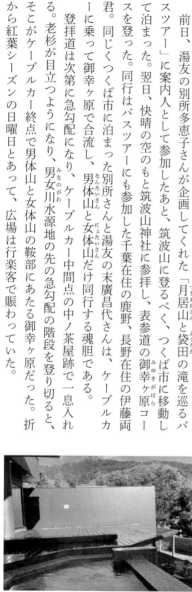

標高877mながら抜群の展望を誇る女体山山頂。展望台は順番待ちの大盛況だった

ここから男体山と女体山の往復約1時間。ほとんどの人が両峰に登り、ケーブルカーやロープウェイで下山する。女体山から弁慶茶屋跡かつつじが丘を経て筑波山神社へと下る周遊ルートを歩く登山者も少なくないようだ。（日本百名山、23年12月3日再訪、同行4名）

露天風呂から筑波山も望める日帰り温泉施設

筑波山からの下山後に立ち寄るのに便利なのが、筑波山神社入口から徒歩約10分の距離にある筑波山温泉の日帰り温泉施設つくばの湯だ。リニューアルされた和モダンの建物内には、男女別のサウナ付き内湯と筑波山が眺望できる露天風呂のほか、貸切家族風呂もある。レストラン、休憩所、プライベートルームなどパブリックスペースも充実している。

筑波山
標高877m（女体山）

コースタイム→筑波山神社から男体山経由女体山まで登り2時間10分・下り1時間20分◆筑波山神社まで、鉄道／つくばエクスプレスつくば駅からバス約40分筑波山神社入口下車徒歩約10分、車／常磐自動車道土浦北ICから約30分

難易度 ★☆☆

筑波山温泉
つくばの湯☎029-866-2983、入浴料1100円（土日祝1300円、10:00～19:00・18:00受付終了、不定休・要確認）◆泉質＝アルカリ性単純温泉◆源泉温度=27.7度◆筑波山神社入口から徒歩約10分

鋸山《のこぎりやま》と房州大福《ぼうしゅうだいふく》温泉

コース上で一番のハイライト、東京湾を望む展望台から館山方面の眺望

東京湾と富士山の展望が楽しみな房州石の岩峰

上総《かずさ》と安房《あわ》の境界、金谷《かなや》の海岸にギザギザの岩峰を連ねてそそり立つ鋸山は、ハイカーや行楽客でにぎわう房総随一の人気観光地でもある。標高こそ３２９ｍしかないが、高い山のない房総では際立った存在だ。

鋸山は、この山から切り出された房州石が有名で、江戸後期からこの地方の主要な産業を担ってきた。房州石の切り出しは１９８５（昭和60）年に幕を閉じたが、その石切り場跡が荒廃の雰囲気を感じさせないのは石切り職人の芸術的ともいえる技法によると思われる。そこが、痛ましい山容の秩父の武甲山との大きな違いだ。

鋸山 標高329m

コースタイム→JR内房線浜金谷駅から登り2時間・下り1時間30分◆車力道分岐まで、鉄道／JR内房線浜金谷駅から徒歩15分、車／富津館山道路富津金谷ICから約15分（登山道際に有料駐車場あり）

難易度 ★☆☆

房州大福温泉

かぢや旅館☎0439-69-2411、日帰り入浴800円（12:00〜19:00、不定休、要確認）◆泉質＝ナトリウム・カルシウム・マグネシウム－硫酸塩冷鉱泉◆源泉温度＝20.2度◆下山口（JR浜金谷駅から徒歩約5分）

かぢや旅館の広々とした大浴場（男湯）

鋸山には日本最大の石造大仏坐像で知られる日本寺境内まで鋸山ロープウェーが架かるが、このプランではＪＲ浜金谷《はまかなや》駅を基点にする周遊コースを選んだ。案内人は鋸山に精通している千葉在住の鹿野君。ＪＲ浜金谷駅から約15分で、車力道《しゃりきみち》と関東ふれあいの道の分岐点に出る。車力とは房州石を運ぶ人、車力道とは房州石を積載した荷車を引き下ろした石を敷いた急坂の道のこと。左の車力道に進んで車道をしばらく歩き、登山道入口から運搬跡がいまも残る登山コースを歩く。急坂を登り、帰路に採る関東ふれあいの道コースを合わせ、最後に急な階段を登り詰めると、東京湾を望む展望台と鋸山山頂への道の分岐点だ。東京湾を一望し、富士山や筑波山も望める東京湾を望む展望台は、このコース一番のハイライトである。一方、鋸山山頂は樹木に囲まれた山頂で、視界は北西がわずかに開けるだけ。東京湾を望む展望台からの眺望には遠く及ばない。

関東ふれあいの道コースへの分岐まで戻り、下山は石切り場の最大の遺構である岩舞台に立ち寄り、日本寺北口に続く道を分け、尾根伝いに歩く。観月台から急勾配の石段を下りると、行きに通った車力道との分岐点に出る。そこからＪＲ浜金谷駅方向へ約10分歩くと、左手に黄土色の外観のかぢや旅館がある。

（24年4月20日初訪、同行1名）

新源泉を導入した房州大福温泉の一軒宿

かつては鋸山金谷温泉郷といい、薄い茶褐色の湯が無色澄明《ちょうめい》の湯に変わっていた。かぢや旅館のご主人に尋ねると、以前の源泉が劣化して廃湯になったため、隣の勝山地区に湧出した別源泉を21年から導入し、名称を房州大福温泉としたという。風呂は男女別の広々とした大浴場で、鋸山下山後に汗を流せる貴重な存在だ。車の場合は金谷から君津市寄り約5分にある、東京湾を目前にする絶景露天風呂やサウナ付き内湯を備える日帰り温泉施設海辺の湯もおすすめだ。

岩舞台と呼ばれる鋸山最大の石切り場跡

正面に神山や大涌谷を望む明神ヶ岳の山頂

明神ヶ岳（右端）へ続く快適な尾根道を行く

明神《みょうじん》ヶ《が》岳《たけ》と宮城野《みやぎの》温泉

箱根の全容を眺望する箱根外輪山のパノラマコース

明神ヶ岳は、箱根火山の最初の噴火とそれに続く中央部の陥没《かんぼつ》によって形成された外輪山の一部。標高こそ金時山《きんときやま》に譲るが、その重量感のあるどっしりとした山容は外輪山の雄《ゆう》ともいえる。箱根の全容を眺望する尾根歩きの楽しさと難所もないことから、ファミリー登山にも適した人気の山となっている。

バスの本数の多い仙石《せんごく》バス停から御殿場《ごてんば》方向へ徒歩5分の金時登山口から入る。住宅街の緩やかな坂道を10分ほど歩くと、右に登山道が分かれる。樹林の中の急坂を登り詰めたところが矢倉沢《やぐらさわ》峠で、金時山への道を左に分けた先で明神ヶ岳への縦走路に入る。背の高いハコネダケの笹に囲まれた道を登り、振り返ると登山道が刻まれた尾根とその上に立つ金時山が美しい。

ルートはいったん尾根の北側、広葉樹の美しい南足柄《みなみあしがら》側に入り、そこを抜けると火打石岳《ひうちいしだけ》の肩。ここからは箱根全山や丹沢方面を眺望しながらの快適な尾根歩きになる。明神ヶ岳直下で振り返ると、金時山へと続く縦走路と金時山、富士山の眺めが感動的だ。広々とした明神ヶ岳の山頂はランチを楽しむ人たちでにぎわっていて、家族連れの姿も多かった。山頂からは中央火口丘《きゅう》の神山と駒ヶ岳、噴煙上げる大涌谷、仙石原の高原風景、その向こうには芦ノ湖が輝き、金時山や富士山、相模《さがみ》湾まで望める大パノラマが広がっている。

山頂からしばらく下ると急坂になり、明星ヶ岳《みょうじょうがだけ》との鞍部で宮城野方面へひたすら下る。車道に飛び出し、そのまま下ると国道138号に出る。宮城野温泉会館は右手に5分ほど歩く。（23年4月23日再訪、単独行）

宮城野温泉唯一の町営の日帰り温泉施設

宮城野温泉は、箱根では珍しく宿泊施設のない温泉場で、現在一般客が利用できる入浴施設は町営の宮城野温泉会館だけだ。建物は2階建てだが、館内は銭湯のような雰囲気が好もしい。風呂は男女別に内湯と半露天風呂があり、箱根にしては比較的空いているので、ゆったりとくつろげる。2階の休憩大広間は別料金。

宮城野温泉会館の清潔感あふれる内湯

明神ヶ岳　標高1169m

コースタイム→金時登山口から登り2時間40分・下り1時間20分◆金時登山口まで、鉄道／箱根登山鉄道箱根湯本駅からバス40分の仙石から徒歩5分、車／小田原厚木道路小田原西ICから約30分

難易度 ★☆☆

宮城野温泉

宮城野温泉会館☎0460-82-1800、入浴料650円（10:00～21:00、木曜休・祝日の場合は営業）◆泉質＝ナトリウム・カルシウム－塩化物・硫酸塩温泉◆源泉温度=84.5度◆下山口にある

明神ヶ岳手前から金時山方面を振り返る。金時山の後ろの富士山は残念ながら雲の中だ

天城山《あまぎさん》と伊豆高原《いずこうげん》の湯《ゆ》

天城山の中枢部を周遊するシャクナゲコース

天城山は伊豆半島のほぼ中央部に南北に連なる山脈の総称で、その最高峰が標高１４０６ｍの万三郎岳《ばんざぶろうだけ》である。天城高原ゴルフ場の天城縦走路入口から入山し、万二郎岳《ばんじろうだけ》から万三郎岳を経て天城縦走路入口に戻る周遊路はシャクナゲコースと呼ばれ、アマギシャクナゲのシーズンには数多くの登山者が訪れる。

私は「日本百名山」踏破の一環で、このコースを17年2月4日に初めて歩いた。この時期は雪がかなり残っていたのが予想外で、万三郎岳からの下りで難渋した思い出がある。今回は満を持してアマギシャクナゲのシーズンを選び、23年5月9日に再訪した。

天城縦走路入口から樹林の中を約15分で、万二郎岳と万三郎岳の登山道の分岐点の四辻。まずは万二郎岳に向かう。登り着いたピークが標高１２９９ｍの万二郎岳。樹木が多いが、東側の展望が開ける。万二郎岳からいったん下った途中の岩場がこのコース一番の好展望地で、これから行く馬の背と万三郎岳の頭、相模湾や富士山も見える。アセビのトンネルがある馬の背を登り、下った鞍部が石楠立《はなだて》。ここから万三郎岳までの登りはブナとアマギシャクナゲが美しいが、登り着いた万三郎岳は樹木に囲まれ、視界は開けない。

万三郎岳のすぐ下で縦走路と分かれ、急坂を涸沢《からさわ》分岐点まで下る。そこからは山腹を横巻きするアップダウンが続くルートでかなり消耗する。ヒメシャラの純林を過ぎると、まもなく分岐点の四辻に戻る。

なお、公共交通を利用する場合は伊東駅が基点になるが、バスの本数は少なく、24年の場合、伊東駅発の午前便が7時55分と10時15分、戻りの午後の便は天城縦走登山口発16時45分しかない。私はマイカーを利用

万三郎岳直下のブナとアマギシャクナゲの道

万二郎岳下の岩場がコース随一の展望地。目前の山は馬の背、その背後に万三郎岳

したが、伊東駅から往復ともバスを利用する場合は、帰りがけの入浴は伊東温泉の数多い共同浴場を推奨しておきたい。

（日本百名山、23年5月9日再訪、単独行）

夜遅くまで営業の設備充実の日帰り温泉施設

伊豆急行の伊豆高原駅から徒歩約5分の国道135号沿いにあり、マイカー利用の人におすすめなのが日帰り温泉施設伊豆高原の湯だ。風呂は男女ともに大浴場のほか、露天風呂ゾーンには多彩な湯船を配置し、サウナもある。パブリックスペースも充実していて、無料マッサージ機や無料大広間などがあり、24時までの営業（23時受付終了）なので、ゆっくりと休憩できる。

天城山　1406m（万三郎岳）

コースタイム→天城高原ゴルフ場（天城縦走路入口）から周遊コースで約4時間30分◆天城縦走路入口まで、鉄道／JR伊東線伊東駅からバス55分、車／西湘バイパス石橋ICから約2時間

難易度 ★★☆

伊豆高原の湯

伊豆高原の湯☎0557-54-5200、入浴料1200円（10:00～24:00・23:00受付終了、第1・3木曜休・祝日の場合と特定日は営業）◆泉質＝アルカリ性単純温泉◆源泉温度＝42.8度◆下山口から車で約35分

伊豆高原の湯の露天ゾーンにある壺湯

甲信越

51〜71

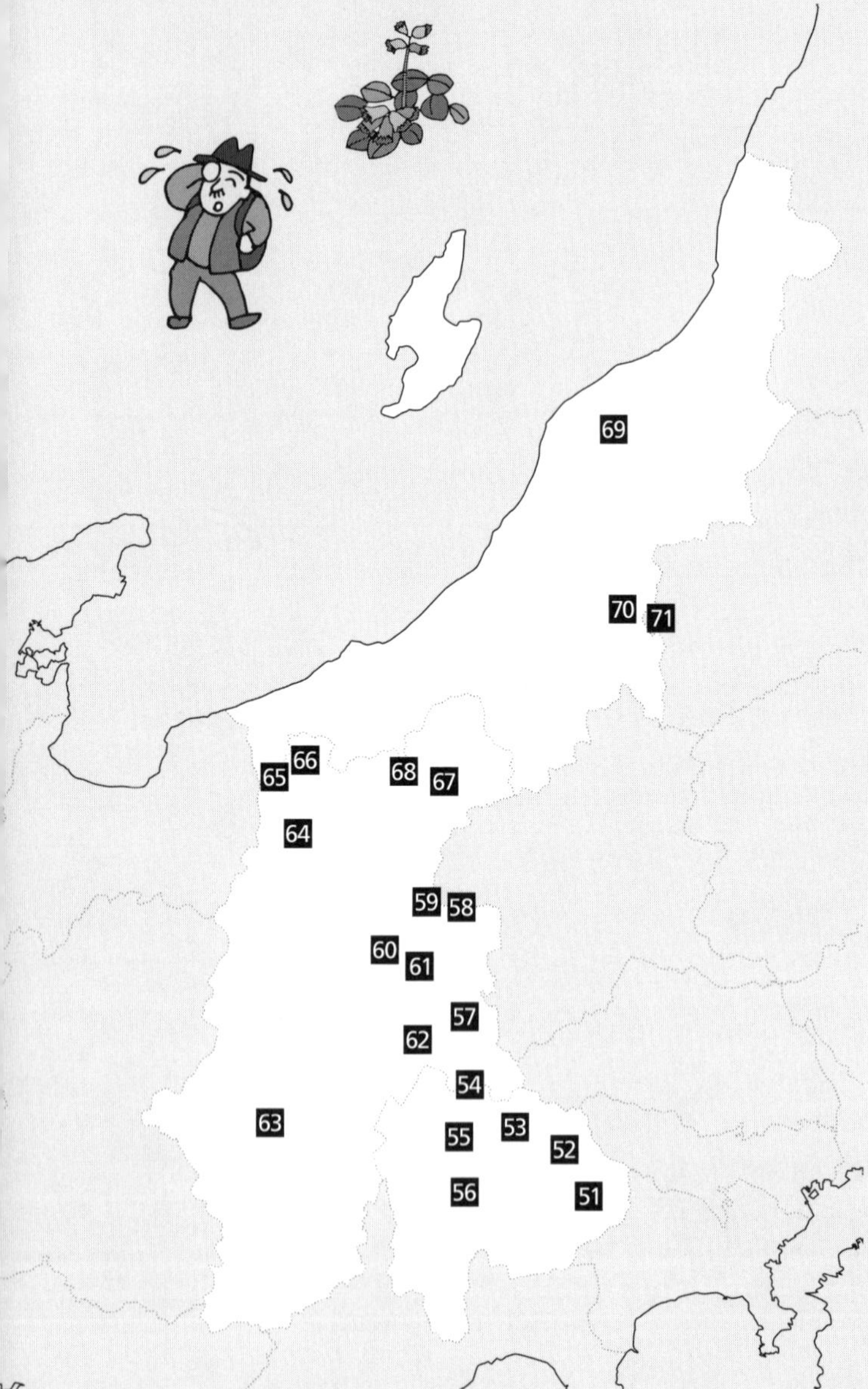

トーミの頭

眺め
サイコー
標高2000m
雲上の
露天風呂

丸山ケルン
丸山

赤岩の頭
赤岳・横岳
夏沢峠

二《に》十《じゅう》六《ろく》夜《や》山《さん》と芭《ば》蕉《しょう》月《つき》待《ま》ちの湯《ゆ》

御正体山《みしょうたいやま》や富士山を望む月の名所の二十六夜山

都留《つる》市と道志《どうし》村の境にある道坂隧道《どうざかずいどう》バス停から今倉山《いまくらやま》、松山（赤岩）を経て二十六夜山へ縦走する人も多いが、バスは土曜・休日のみの運行なのがネック。今回はバス便も多い芭蕉月待ちの湯から二十六夜山の往復コースを選んだ。

私は前記の道坂隧道から縦走して芭蕉月待ちの湯に下るコースを04年6月と14年6月の2度歩いている。14年6月は大病の3年後のことで、いわば山歩きの復帰戦。ここで義広勝、谷野和子の両氏と運命的ともいえる出会いがあり、この遭遇が以降の日本百名山や温泉百名山に繋がったので、特別な山となった。しかも、その後に多くの日本百名山にご一緒した谷野さんが急逝されたので、今回は慰霊登山の思いもあった。

二十六夜山の登山口は、芭蕉も立ち寄って月見の句を詠んだと伝える戸沢集落から車道を20分ほど歩く。すぐに杉林の中の道になり、沢を渡り返しながら緩やかな坂道を登る。途中、岩の裂け目から清水が湧く仙人水で喉を潤すと、その先から急登になる。尾根に到達しても山頂まで急登が続き、かなり消耗する。

ようやく二十六夜山の山頂に立つ。午後から雨の予報で眺望は諦めていたが、西南に御正体山と富士山、北東に奥多摩方面の山々が眺望できた。山頂には山名の解説板や古い石碑などがあり、かつて麓《ふもと》の村人たちによって旧暦正月と7月26日の夜半に道志山塊から上がる月待ちの行事が行われたという歴史が偲ばれた。

復路は逆に急斜面の一気の下りで、膝や脚にはかなりこたえる。仙人水で一息ついて、慎重に下山した。

体力的・時間的に余裕があれば、松山（赤岩）まで足を延ばしてみたい。富士山や南・北アルプス、八ヶ

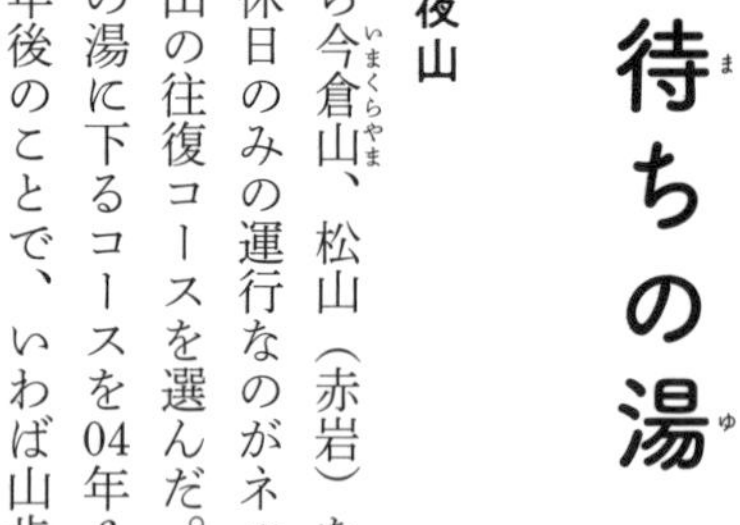

二十六夜山直下のミズナラやブナの美林を行く

二十六夜山は御正体山や富士山の好展望台。反対側には奥多摩方面の山々が望める

岳連峰などの大展望が魅力で、二十六夜山から往復約2時間の行程。なお、芭蕉月待ちの湯から都留市駅行き最終バスは18時22分だ。（24年6月4日再訪、単独行）

「和みの里」の中核の日帰り温泉施設

芭蕉月待ちの湯は、都留市がコテージやキャンプ場、芝生広場などを整備した都留戸沢の森 和みの里の中核施設。風呂は内湯＋露天風呂が2ヶ所。仕様が少し異なるので週ごとの男女交替制だ。広々とした内湯には高温・中温・源泉ぬるま湯、サウナなどがあり、定評のある〝美肌の湯〟が満喫できる。食事処兼大広間、小休憩室、個室（有料）、売店などの付帯施設も充実。

二十六夜山　標高1297m

コースタイム→芭蕉月待ちの湯から登り2時間20分・下り1時間40分◆芭蕉月待ちの湯まで、鉄道／富士急行線都留市駅からバス24分（右回り）～33分（左回り）の芭蕉月待ちの湯下車（1日6便）、車／中央自動車道都留ICから約10分

難易度★☆☆

芭蕉月待ちの湯

芭蕉月待ちの湯☎0554-46-1126、入浴料720円（10:00～21:00、月曜休・祝日の場合は翌日休）◆泉質＝アルカリ性単純温泉◆源泉温度=30.8度◆下山口

森林に臨む芭蕉月待ちの湯の露天風呂

大《だい》菩《ぼ》薩《さつ》嶺《れい》と大《だい》菩《ぼ》薩《さつ》の湯《ゆ》

富士山の絶景を楽しみながらの快適な尾根歩き

大菩薩嶺には数回登っている。直近は同行8名のにぎやかな登山だったが、数えてみたらはや9年の歳月が流れていた。

登山道は上日川《かみひかわ》峠バス停前に立つロッヂ長兵衛の脇から始まる。ミズナラの純林が美しい登山道を約30分歩くと福ちゃん荘。ここで一息入れたあと、大菩薩峠に向かう林道と分かれ、眺望がきく午前中の早い時間に一番の急坂の唐松尾根コースに入り、稜線上の雷岩を目指す。唐松尾根の急登から振り返ると、快晴なら富士山と甲府盆地、南アルプスの大観が広がる。福ちゃん荘から約1時間、稜線に立ったところが絶景ポイントの雷岩だ。大菩薩嶺の山頂はそこから10分足らずだが、樹林の中に山頂指標が立つだけの小広場といった印象で、いささか拍子抜けする。

雷岩まで戻り、ここから大菩薩峠までは、高山植物が楽しみな快適な稜線歩きになる。ここも絶景ポイントの神部岩《かんべいわ》を過ぎると、まもなく避難小屋がある賽ノ河原《さいのかわら》。親不知ノ頭《おやしらずのあたま》を越え、眼下の山小屋の介山《かいざん》荘を目指して露岩《ろがん》の道を下る。『大菩薩峠』で知られる中里介山記念塔を左に見ると、まもなく大きな看板と標柱が立つ大菩薩峠。稜線歩きはここまでで、介山荘の脇から林道を下り、福ちゃん荘から上日川峠へと戻る。

上日川峠からの下りは切通し風に掘れた道が続き、下りにもそろそろ嫌気がさしてきた頃、ようやく千石《せんごく》茶屋に着く。ここで上日川峠からの車道に出るが、またすぐに登山道に入って再び車道に出ると、あとはずっと車道歩きだ。国道４１１号に出て左折。道なりに下って行くと、15分足らずで大菩薩の湯に着く。

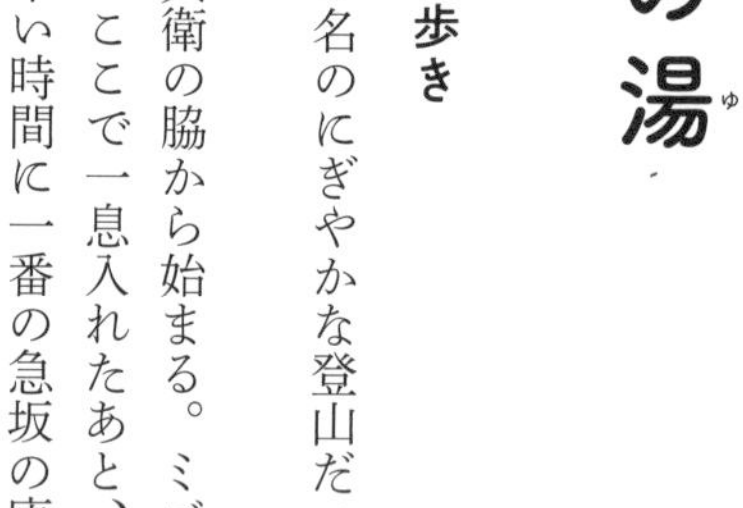

小菅村と丹波山村からの道が合流する大菩薩峠

絶景ポイントの雷岩からの眺望。甲府盆地を眼下に富士山や南アルプスの大観が望める

ＪＲ甲斐大和《かいやまと》駅から上日川峠行きのバスは４月中旬～12月初旬の土曜・休日運行の季節運行だが、平日運行の日も少なくない。事前に栄和交通のＨＰなどで確認しておきたい。

（日本百名山、15年９月23日再訪、同行８名）

大菩薩ライン沿い立つ市営の日帰り温泉施設

国道４１１号の大菩薩ライン沿い、萩原口留番所《はぎはらくちどめばんしょ》を復元した門が迎える日帰り温泉施設。男女別の風呂は、寝湯付き大浴槽や源泉風呂にサウナもある内風呂と、展望露天風呂。泉質はpH10・１のアルカリ性単純温泉で、肌がつるつるになる美肌の湯だ。付帯施設は食事処、談話室（大広間）、特産品直売コーナーなどがある。

大菩薩嶺　標高2057m

コースタイム→上日川峠から登り（唐松尾根経由）1時間35分・下り（大菩薩峠経由）1時間45分、上日川峠から大菩薩の湯まで下り2時間◆上日川峠まで、鉄道／JR中央本線甲斐大和駅からバス41分、車／中央自動車道勝沼ICから約45分

難易度 ★★☆

大菩薩の湯

大菩薩の湯☎0553-32-4126、入浴料3時間まで620円（10:00～21:00、火曜休）◆泉質＝アルカリ性単純温泉◆源泉温度=30.3度◆下山口

大菩薩の湯の展望露天風呂（男湯）

牧歌的な雰囲気の国師ヶ原から望む乾徳山

岩稜の頂点が標高2031mの乾徳山の山頂だ

乾《けん》徳《とく》山《さん》とみとみ笛《ふえ》吹《ふき》の湯《ゆ》

富士山と奥秩父の絶景が楽しみな岩峰

乾徳山は奥秩父連峰の主脈から離れた独立峰の趣でそびえる岩峰。初訪は03年秋、快晴の山頂からは甲府盆地を眼下に奥秩父の山々や富士山が望めたが、この時代はフィルム撮影で、すでに廃棄してしまった。2度目は19年6月2日、前日に瑞牆山《みずがきやま》に登って増富《ますとみ》ラジウム温泉に泊まり、翌日車で移動してきた。同行は鹿野・柴田両君。友人たちが面白がって命名した「ご老公一行」である。

徳和集落入口にある乾徳山登山口バス停から林道を30分ほど歩いたところが実際の乾徳山登山口で、マイカーは手前の駐車場まで乗り入れることができる。すぐ先に登山道入口があり、本格的な登山道に入る。杉やカラマツの植林帯の登りが続き、約50分で銀晶水《ぎんしょうすい》に着くが、ここは水量が乏しく、ここから5分ほど上にある錦晶水《きんしょうすい》のほうが水量も多い。林間を抜け出すと、白樺とカラマツの明るい高原が広がる国師《こくし》ヶ原《がはら》。ここからは左前方に乾徳山を望みながら草地の斜面を登り、その頂点の尾根上、月見岩があるのが扇平《おうぎっぴら》。南方に富士山を望む展望地だが、この日は雲が重く眺望が得られなかった。その代わりに鹿の大群が姿を見せ、鹿の字が付く物件には鋭く反応する鹿野君は大喜びだった。

乾徳山の領域に入ると一変して険しい岩稜の登攀《とうはん》ルートになる。クサリを頼りに登るカミナリ岩、鳳岩《おおとりいわ》などが連続して現れるが、迂回路もある。その岩稜の頂点が、３６０度の大展望が広がっているはずだった乾徳山の山頂だ。古びた石祠《せきし》が祀られた険しい岩峰である。（日本二百名山、19年６月２日再訪、同行２名）

露天風呂が快適な市営の日帰り温泉施設

乾徳山麓には一之橋《いちのはし》温泉、三富《みとみ》温泉、由緒正しい信玄公の隠し湯の川浦温泉があり、三富温泉郷と呼ばれている。いずれも日帰り入浴を受け付けるが、登山帰りに絶好なのが、乾徳山登山口にも近い山梨市営の日帰り温泉施設みとみ笛吹の湯だ。風呂は男女ともほぼ同じ造りで、内湯は適温とぬるめの２つの浴槽、外に三富の山々を望む露天岩風呂が続く。

みとみ笛吹の湯の快適な露天風呂

乾徳山 標高2031m

コースタイム→乾徳山登山口バス停から登り3時間30分・下り2時間40分◆乾徳山登山口バス停まで、鉄道／JR中央本線塩山駅からバス約35分、車／中央自動車道勝沼ICから約40分（登山道入口）

難易度 ★★☆

みとみ笛吹の湯

みとみ笛吹の湯☎0553-39-2610、入浴料700円（10:00～20:00、火曜休・祝日の場合は翌日休）◆泉質＝アルカリ性単純温泉◆源泉温度=36.7度◆乾徳山登山口駐車場から車で約15分

険しい岩場が連続する乾徳山の登り。そのハイライトがクサリを頼りによじ登る鳳岩

朝日岳の先で鉄山から金峰山に続く稜線を眺望

最初の岩場のビューポイントから富士山を望む

金《きん》峰《ぷ》山《さん》と鼓《つつみ》川《がわ》温泉

五丈石《ごじょういわ》がそそり立つ奥秩父の盟主への最短コース

奥秩父連峰の西部に位置する金峰山は、そのアルペン的山容と好展望の名峰として知られ、奥秩父連峰の盟主として君臨する日本百名山の一峰である。この名峰にもっとも楽に到達できるのが、車が通れる峠としては日本最高所にある標高2360mの大弛《おおだるみ》峠からのルートだ。ただし、大弛峠への車道が通行できるのは6月初め〜11月中旬に限られ、冬期は閉鎖される。

人気コースだけに、約30台の大弛峠の駐車場確保が絶対条件になる。深夜に東京を出発して5時前に着いたが、土曜とあってすでに満車状態だった。車中泊の人も多いようだ。この日は「日本百名山」完登計画の一環で、同行5名（大江順子、藤村みどり、久米田彩、柴田克哉・晶子）のにぎやかな登山になった。

大弛峠から金峰山への登山道に入る。しばらくは針葉樹の樹林帯を行くが、朝日峠を過ぎて小さなアップダウンの尾根道の先、富士山や南アルプスが望める岩場の展望地に出た。そこからシラビソの立ち枯れが目立つ尾根道を進むと、コースのほぼ中間点の朝日岳山頂。前方にはこれから行く鉄山の先に、五丈石を戴いた金峰山もはっきりと視認できた。朝日岳からはいったんガレ場を急下降し、鉄山との鞍部まで下る。鉄山は山腹をトラバース*して進み、やがて森林限界を越えてハイマツ帯に出ると視界が大きく広がり、快適な尾根歩きに

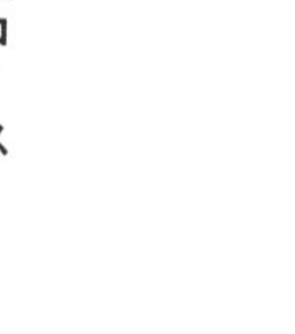

＊トラバース…山の斜面を横切ること。横巻きとも。

なる。景色を楽しみつつ緩やかな尾根を登ると、富士山、北アルプス、中央アルプス、八ヶ岳連峰、浅間山、瑞牆山《みずがきやま》などの大展望が広がる金峰山の山頂はもう一息だ。（日本百名山、17年7月15日初訪、同行5名）

大弛峠からの途中にある市営の日帰り温泉施設

牧丘《まきおか》から大弛峠に向かうと、柳平《やなぎだいら》で塩平からのルートを合わせるが、鼓川温泉は塩平からのルート上にあるので、帰路はこちらのルートを採る。美しい山村風景が広がる牧平《まぎだいら》地区の高台にある山梨市営の日帰り温泉施設で、周囲の山を見渡すサウナ付きの内湯と野趣満点の露天岩風呂がある。食事処あぜ道が隣接。

鼓川温泉の野趣あふれる露天風呂

金峰山　　標高2599m

コースタイム→大弛峠から登り2時間30分・下り2時間10分◆大弛峠まで、鉄道／JR中央本線塩山駅からタクシー約1時間20分、車／中央自動車道勝沼ICから約1時間30分

難易度★★☆

鼓川温泉

鼓川温泉☎0553-35-4611、入浴料700円（10:00～21:00、木曜休・祝日の場合は翌日休）◆泉質＝アルカリ性単純温泉◆源泉温度=35.5度◆大弛峠から車で（柳平、塩平経由）約50分（6～11月中旬通行可）

大パノラマが広がる金峰山の山頂。シンボルの五丈石に登る人もいるが、自重が無難

茅《かや》ヶ《が》岳《たけ》とクララの湯《ゆ》

山頂からの絶景が楽しみな深田久弥終焉の山

茅ヶ岳は続編にどうしても入れたい山だった。名著『日本百名山』の著者で山岳随筆家の深田久弥氏終焉の山だからである。氏は１９７１（昭和46）年３月21日に登山中に脳卒中で倒れ、そのまま息を引き取られた。享年68。今思えばさほど高齢ではなく、さぞかし無念であったろうと思われる。

ここは鹿野・柴田両君と私の「ご老公一行」で登りたかったので、３人の都合のいい日を調整して深田記念公園の駐車場で待ち合わせた。登山道は駐車場から始まり、しばらくは広々とした道が続く。車道を横切る地点が林道《りんどう》出合《であい》で、直進が女岩《めいわ》コース、左に１００ｍほど進むと右手に尾根道コース入口がある。ここでは女岩コースを登り、下山に尾根道コースを採った。

女岩の下までは広葉樹やカラマツ林の緩やかな登りだが、そこから上はいきなり岩場やミズナラが目立つ広葉樹の中の急登になる。息せき切って茅ヶ岳から張り出した尾根に登り着くが、そこからもまた急登が続く。まもなく、路傍に「深田久弥先生終焉之地」と刻まれた小さな石標が立っていた。手を合わせて、もう一息登ると、広々とした茅ヶ岳の山頂に飛び出した。八ヶ岳連峰を目前に北アルプス、左に目を転じれば鳳凰《ほうおう》三山や南アルプス、振り返れば富士山が美しい。まさに絶景である。隣接する金《かな》ヶ《が》岳《たけ》へ向かう登山者も多かった。

南アルプスの絶景も楽しみなクララの湯

「深田久弥先生終焉之地」碑に合掌

360度の大パノラマが広がる茅ヶ岳山頂。この日は快晴で、富士山もくっきりと見えた

復路は尾根道コースを下ったが、こちらも急降下で足元の悪い箇所もあり、気が抜けない。どんどん下ると舗装の林道に出て、左に進むと往路に通った林道出合に着く。（日本二百名山、24年5月18日初訪、同行2名）

鳳凰三山や甲斐《かい》駒《こま》ヶ《が》岳《たけ》を眺望する展望風呂

西南に南アルプスを望む風光明媚な場所に建設された宿泊施設で、日帰り客対応の温泉館を併設している。かつては明野《あけの》ふるさと太陽館という名称だったが、運営会社が変わってハイジの村クララ館と名称変更した。風呂は大きなガラス窓から鳳凰三山や甲斐駒ヶ岳を眺望する造りで、湯船も大きい。茅ヶ岳から金ヶ岳に縦走し、金ヶ岳登山口に下山して、ここに立ち寄ってから路線バスで帰る登山客も多いようだ。

茅ヶ岳

標高1704m

コースタイム→茅ヶ岳登山口から登り2時間30分・下り1時間40分◆茅ヶ岳登山口まで、鉄道／JR中央本線韮崎駅からバス20～24分深田記念公園（登山口）下車（午前中は1便のみ）、車／中央自動車道韮崎ICから約15分

難易度 ★★☆

クララの湯

クララの湯☎0551-25-2601、日帰り入浴830円（10:00～21:00・冬期は10:00～20:00、無休・冬期は火曜休）◆泉質＝ナトリウム―塩化物・炭酸水素塩温泉◆源泉温度＝44.6度◆茅ヶ岳登山口（深田記念公園）から車で約15分

千頭星山《せんとうぼしやま》と韮崎《にらさき》旭《あさひ》温泉

富士山の絶景を満喫する初級者向きのコース

本州でも各地から初雪の情報が届くようになった23年11月30日、登り納めが近くなったが、それでももう1座か2座は登っておきたいと考えていた。天気が晴れの予報なので、これなら富士山も姿を見せてくれるだろうと向かったのが、鳳凰三山の前衛に当たる甘利山《あまりやま》から千頭星山だった。

韮崎市西部に位置する甘利山には県道甘利山公園線が登山口の広河原《ひろがわら》（甘利山駐車場）まで通じているので、JR韮崎駅から約45分で到達できる。この日は県道が閉鎖されていたので、国道20号上円井《かみつぶらい》から小武川《こむかわ》沿いを遡る小武川林道を走らなければならず、未明に東京を出たにもかかわらず甘利山駐車場に着いたのは9時前と時間がかかった。好天だが強風が吹き荒れていたので、車内で様子見をして、出発は9時40分になった。全山がレンゲツツジの花に覆われる甘利山は、駐車場から30分弱で手軽に登れるので、シーズンには行楽客でにぎわう人気観光地の趣だ。甘利山の山頂からは韮崎市南部の市街地を俯瞰し、その背後に富士山が姿を見せ、前方には千頭星山へと続く稜線が望めた。甘利山からいったん鞍部に下ると強風も弱まり、奥甘利山、さらに大西峰《おおにしみね》の肩まで急登が続くが、どこからでも秀麗な富士山が見えるのがこのコース一番の魅力である。

やがて、カラマツやダケカンバと下笹が美しい、ほぼ平坦の明るい尾根道になる。振り返ると八ヶ岳連峰や鳳凰三山も姿を見せる楽しい道だ。千頭星山の登りで残雪が凍結していて難渋したが、笹につかまりながら登り、12時20分、樹林の中の千頭星山の山頂に立った。誰一人として出会わない、静かな山行だった。

甘利山の山頂から望む千頭星山（左端）

奥甘利山の登りから見た甘利山と富士山。コース上のどこからでも富士山が望める

なお、5月下旬～11月初旬の土曜・休日と一部平日に、JR韮崎駅から甘利山駐車場まで甘利山乗り合いタクシーが運行されている。（23年11月30日初訪、単独行）

温泉通絶賛の源泉かけ流しの日帰り温泉施設

県道甘利山公園線の甘利山入口から約2㎞、車で5分もかからない場所にあるのが日帰り温泉施設の韮崎旭温泉で、帰りがけに立ち寄るのにも便利だ。温泉ファンから熱烈な支持を受けているのは、泉質の良さと湯づかいにある。鮮度抜群の源泉かけ流しを堅持し、男女別の大きな内湯の窓からは富士山も望める。ぬるめの湯なので、ゆっくりと長湯が楽しめるのも魅力である。

千頭星山　標高2139m

コースタイム→甘利山駐車場から登り2時間20分・下り1時間40分◆甘利山駐車場まで、鉄道／JR中央本線韮崎駅から乗り合いタクシー約45分（事前予約制）、車／中央自動車道韮崎ICから約50分

難易度 ★☆☆

韮崎旭温泉

韮崎旭温泉☎0551-23-6311、日帰り入浴600円（10:00～20:00、火・金曜休・祝日の場合は翌平日休）◆泉質＝ナトリウムー塩化物・炭酸水素塩温泉◆源泉温度=38.2度◆下山口から車で約30分

韮崎旭温泉の源泉かけ流しの内湯

西方に千曲川を隔てて向かい合う、八ヶ岳連峰の全容がひときわ印象的な御座山の山頂

御座山《おぐらやま》と南相木《みなみあいき》温泉

八ヶ岳連峰やアルプスを一望する佐久《さく》の秘峰

長野県南相木村《あいきむら》と北相木村にまたがる御座山は、登山者の間では古くから「佐久の秘峰」と呼ばれていた。その理由は、ひとえに交通の不便さにあり、マイカーを使わないと日帰り登山は難しいからだろう。

この山は、私の故郷である群馬県上野村からは県境のぶどう峠を越えれば北相木村で、例の日航機墜落事故の際、御座山に墜落したのではないかとの情報も流れたほど近いが（実際は上野村の御巣鷹の尾根に墜落）、いままで登る機会がなかった。登山道は双方の村から開かれているが、私は下山後に南相木温泉の滝見の湯が近い南

御座山 標高2112m

コースタイム→栗生登山口から登り2時間20分・下り1時間50分◆栗生登山口まで、鉄道／JR小海線小海駅からタクシー約30分、車／中部横断自動車道八千穂高原ICから約40分

難易度★★☆

南相木温泉

滝見の湯☎0267-91-7700、入浴料500円（10:00～20:30、火曜休・祝日の場合は営業）◆泉質＝アルカリ性単純温泉◆源泉温度=25.5度◆下山口（栗生登山口）から車で約15分

窓からの陽光が明るい滝見の湯の内湯

相木村の栗生《くりゅう》登山口から入山した。栗生登山口まで、国道141号の小海《こうみ》から約17kmだった。

登山口からはピンクのヤシオツツジが映える雑木林の斜面をひたすら登る。水量の少ない不動の滝を過ぎると、コメツガが目立つ深山の原生林の雰囲気に変わる。霧氷の美しさに目を奪われながら、クサリ場もある岩場の道を登り詰めると、御岳《おんたけ》神社の石祠《せきし》が祀《まつ》られた小ピーク。ここからいったん下り、その後はまたクサリ場の岩場ルートが続く。北相木村への道を左に分け、巨岩の下を回り込むと、木造の避難小屋の前に出た。

右から北相木村白岩コースの登山道が合流する地点で、避難小屋の前を左に折れると、すぐに険しい岩稜《りょう》《がん》ルートが始まる。深い森の上に峻険な岩峰がそびえる御座山の真骨頂で、石祠が祀られた山頂までなかなかのスリル感だ。視界が一気に開け、八ヶ岳連峰の全容と北アルプス、浅間山、金峰山などの奥秩父山塊、南アルプスなどが眺望できた。栗生登山口からの道中では誰一人会わなかったが、山頂では北相木村白岩ルートから登ってきたグループが追いつき、束の間の交歓を楽しむことができた。

栗生登山口には南相木村振興課制作の見事なイラスト地図看板があり、輪切りの板を3枚繋げた山頂指標も手作り感満点だ。地元の人々の「ふるさとの山」に寄せる愛情を感じた秘峰だった。

（日本二百名山、23年5月24日初訪、単独行）

南相木村唯一の温泉施設は村人の憩いの場

村の中心部にある南相木村役場のすぐ先で栗生登山口へは左に行くが、そこを右に3km入った南相木川沿いに村人の憩いの場として建設された南相木温泉の日帰り温泉施設滝見の湯がある。村一番と言ってもいいほどの立派な建物で、館内には男女別に大浴槽と気泡風呂、サウナ付きの内湯と露天風呂、予約制の福祉風呂があり、浴後は食事処兼大広間、個室休憩室などでくつろげる。

疲れを忘れさせてくれた美しい霧氷の急登

左から浅間外輪山の仙人岳、鋸岳と浅間山

槍ヶ鞘でいきなり雄姿を現した浅間山

浅間《あさま》外輪山《がいりんざん》と天狗《てんぐ》温泉

浅間山を目前に眺望しながら歩く稜線ルート

浅間山は頻繁に発令される登山規制で、なかなか山頂（前掛山《まえかけやま》）に立てないが、その浅間山の雄姿を目前にして歩く外輪山には容易に立てる。私は過去に2度このルートを歩いているが、「第1回温泉百名山ツアー」の前日、久々にこのコースを歩いてみることにした。

早朝5時に車坂峠の駐車場で同行する鹿野君と待ち合わせ、5時10分に「表コース」を出発。登りから振り返ると、翌日登る水《みず》の塔山《とうやま》から東篭《ひがしかご》の塔山《とうやま》、その背後に雪を戴いた北アルプスがくっきりと望めた。

避難小屋を過ぎて、尾根道に出たところが槍ヶ鞘《やりがさや》。正面に雄大な浅間山が一瞬姿を現したが、尾根道の急登の先にあるビューポイントのトーミの頭でも浅間山は見え隠れ。外輪山最高峰の黒斑山《くろふやま》（車坂峠から約2時間）でも同様だった。外輪山のアップダウンを繰り返しながら蛇骨岳《じゃこつだけ》、仙人岳（黒斑山から30分）と山頂に立ったが、いずれもガスの中。この先の鋸山《のこぎりやま》（Jバンド）を下って天狗温泉まで下る（仙人岳から約2時間30分）のがモデルコースだが、思案の結果、仙人岳から引き返すことにした。この日は車を置いた車坂峠に昼までに戻る必要があった。昼に到着するツアーご一行を出迎え、高峯山から高峰温泉に至るコースを案内することになっていたからだ。

トーミの頭まで戻ると、ガスが切れて快晴になり、登山者から歓声が上がった。復路は「中コース」を車坂峠へと下山した。（23年5月20日再訪、同行1名）

浅間山登山口に湧く鮮烈な赤い湯の一軒宿

天狗温泉は浅間山の登山基地となる一軒宿の浅間山荘があるのみ。近年は宿泊客専用の展望風呂「空」を増設するなど、観光客向きの宿としても進化を続けている。アットホームな雰囲気は変わらず、山菜やキノコ料理が好評だ。日帰り入浴は赤い色の温泉が鮮烈な1階の男女別内湯「岳」を開放。なお、浅間登山口バス停の最終は16時38分（24年度）だ。

天狗温泉浅間山荘の湯は鮮烈な赤い色が特徴

浅間外輪山 標高2404m（黒斑山）

コースタイム→車坂峠から黒斑山まで登り2時間、黒斑山から外輪山、湯ノ平経由天狗温泉まで2時間、天狗温泉から浅間登山口バス停まで1時間◆車坂峠まで、鉄道／北陸新幹線佐久平駅からバス54分高峰高原ホテル前下車、車／上信越自動車道小諸ICから約40分

難易度 ★★☆

天狗温泉

浅間山荘☎0267-22-0959、日帰り入浴800円（11:00〜17:00）◆泉質＝単純鉄(Ⅱ)冷鉱泉◆源泉温度=8.5度◆下山口

一気にガスが切れたトーミの頭から、黒斑山から仙人岳へと続く外輪山を眺望

東篭《ひがしかご》の塔山《とうやま》と高峰《たかみね》温泉

筆者イチオシの大展望の山と極上の温泉

国土地理院では東篭ノ登山としているが、一等三角点名は「籠塔山」、山頂標示も東篭の塔山なので、本書では東篭の塔山を採用した。また、このコースは私のイチオシの山と温泉なので、前作に続いて続編にも加えた。

昨年、「第1回温泉百名山ツアー」を企画して湯友中心に参加者を募ったところ、初級者と年配者も含めて17名の応募があった。大人数なので3組に分け、山友の伊藤、鹿野、柴田の3君に見守り役を依頼した。

予定通り、前日に高峯山に登って高峰温泉まで歩き、その夜は懇親会を開催。当日は参加者の車に分乗し、約10分先の登山口の有料駐車場に向かった。兎平《うさぎだいら》の東篭の塔山登山口から山頂までは1時間弱。最初はカラマツ林を行く緩やかな坂道だが、山頂直下はガレ場状の急登になる。快晴に恵まれ、落伍者もなく登頂して大休止。伊藤君が湯を沸かして、自社製品の味噌汁を全員に振る舞ってくれ、早めのランチを楽しんだ。山頂からの展望は抜群で、北アルプスから八ヶ岳連峰、富士山、これから向かう水の塔山、浅間山も目前だ。

東篭の塔山から水の塔山へは、若干のアップダウンはあるものの、約40分の快適な稜線歩きだ。水の塔山からはいま登ってきた東篭の塔山が眺望でき、ゴールの高峰温泉も俯瞰できる。山頂から岩場を急降下する区間で少し苦労した

交互浴が楽しい高峰温泉の「ランプの湯」

東篭の塔山から水の塔山と浅間山方面の眺望

東篭の塔山の山頂で記念撮影。快晴に恵まれて山歩きの魅力と楽しさが満喫できた

人もいたが、無事に全員怪我人もなく高峰温泉にゴール。コースタイムの倍をかけ、東篭の塔山から水の塔山の山歩きと、下山後の極上温泉を満喫する山行となった。この推奨コースを歩いて、山と温泉好きが増えることを期待したい。

(23年5月21日再訪、同行17名)

標高2000mの高原にある一軒宿の温泉

高峰温泉は小諸市街を眼下に、霧ヶ峰方面から中央アルプスまで視界に入る抜群のロケーションにある一軒宿。「標高2000m雲上の野天風呂」が魅力だが、これは宿泊客専用だ。館内に2ヶ所の男女別内湯があるが、日帰り客には1階の「ランプの湯」を公開。加温適温と源泉そのままをかけ流す湯船の交互浴が楽しめる。宿泊客は翌朝に登山口まで送迎も可(有料)。

東篭の塔山

標高2228m

コースタイム→高峰温泉から兎平登山口経由東篭の塔山まで1時間50分・東篭の塔山から水の塔山経由高峰温泉まで1時間30分◆高峰温泉まで、鉄道/北陸新幹線佐久平駅からバス約1時間、高峰温泉下車、車/上信越自動車道小諸ICから約40分

難易度★☆☆

高峰温泉

ランプの宿 高峰温泉☎0267-25-2000、日帰り入浴700円(11:00 ~ 16:00・15:00受付止)◆泉質=含硫黄ーカルシウム・ナトリウムー硫酸塩・炭酸水素塩温泉◆源泉温度=36.0度◆下山口

青木《あおき》三山《さんざん》と田沢《たざわ》温泉

青木村を見守るかのように連なる里山三山

上田市に隣接する青木村は、かつて松本から保福寺《ほふくじ》峠を越えて上田に達する官道の東山道《とうさんどう》が通っていた。その古い歴史を伝えるかのように、村の高台には「見返りの塔」と称賛された国宝三重塔が立つ大法寺が鎮座する。

私は以前から青木村の山に囲まれた村里の美しさと、田沢温泉と沓掛《くつかけ》温泉の2ヶ所の名湯に惹かれていた。上田から青木村に向かうと、左に夫神岳《おがみだけ》、正面に十観山《じゅっかんざん》から保福寺峠へと連なる山並み、右手に子檀嶺岳《こまゆみだけ》の特徴ある山容が目に入る。これを地元では青木三山と呼ぶ。私は1日目に夫神岳に登ってから田沢温泉に泊まり、翌日に十観山と独鈷山《とっこさん》に登る計画を立てた。

三角錐の美しい山容の夫神岳は、古くから「雨乞いの山」として崇拝され、別所温泉側では500年以上前から伝わる雨乞いの祭り「岳《たけ》の幟《のぼり》」が有名だ。青木村の登山口から山頂まで、林道と林間の登山道を登り約1時間。小さな石祠2基が祀られた草地の山頂からは、青木村の美しい山里が俯瞰できる。

十観山はその名の通り、南・北アルプス、浅間山、北信五岳《ほくしんごがく》などを眺望する絶景の山と聞いていた。その景色に期待して朝食前に登ることにし、翌朝5時前に田沢温泉を出発。狭いコンクリート舗装の林道を40分歩き、終点から雑木林の山腹にのびる登山道に入る。青木村ではこの「湯川コース」が荒れ気味な

三山の一峰、子檀嶺岳を望む富士屋の露天風呂

春霞で遠方までは眺望できなかった十観山の山頂

青木村の中心部から望む標高1250mの夫神岳と美しい山里風景。登山口まではここから徒歩約30分

ので別コースを推奨しているが、特に問題はなかった。十観山の山頂には6時30分に着いたが、すでに春霞。遠方までの視界は届かなかったが、好展望地であることはわかった。

（23年5月17・18日初訪、単独行）

文人墨客にも愛された青木村の素朴な2温泉

十観山東南麓《ろく》の奥まった山里にある田沢温泉は、旅館4軒と共同浴場有乳湯《うちゆ》があるだけの小温泉場。今回泊まった富士屋は広い敷地に建つ木造旅館で、有乳湯源泉をかけ流す内湯と、別源泉の仙人湯《やまどゆ》源泉を使用した露天風呂が魅力だ。日帰り入浴が限定的なので、不可の日は共同浴場有乳湯がおすすめ。夫神岳西南麓にある沓掛温泉も同様の小温泉場だが、満山荘（日帰り入浴不可）や共同浴場小倉乃湯が好評だ。

青木三山
標高1284m（十観山）

コースタイム→夫神岳＝登山口から登り1時間10分・下り45分◆夫神岳登山口まで、鉄道／北陸新幹線上田駅からバス30分の青木BTから徒歩約30分、車／上信越自動車道上田菅平ICから約40分。十観山＝田沢温泉から登り1時間40分・下り1時間10分

難易度 ★☆☆

田沢温泉

富士屋☎0268-49-3111、日帰り入浴800円（月・水・金曜の15:00 ～ 19:00、要確認）◆泉質＝単純硫黄温泉ほか◆源泉温度=40.0度ほか◆青木BTからバス7分・上田菅平ICから車で約40分

独鈷山《とっこさん》と霊泉寺《れいせんじ》温泉

塩田平《しおだだいら》から望む峨々《がが》たる岩峰に立つ最短コース

上田駅から上田電鉄別所線に乗って塩田平にさしかかると、車窓から峨々たる岩峰の独鈷山が視界に飛び込んでくる。標高は1300m未満だが、堂々たる独立峰の風格だ。私はこの山には2度登っていた。初回は03年晩秋、塩田平の名刹《めいさつ》中禅寺からの「西前山コース」で、初雪を踏んでの登頂だった。次は18年10月、裏側からの「宮沢コース」を登ったが、今回は早朝に青木三山の十観山に登ったあと、初めて春の独鈷山に「宮沢コース」から登ってみた。

登山口に向かう途中には、真田昌親《まさちか》（幸村の弟）の館跡と伝わる御屋敷平や千本桜もあり、なかなか風情のある道である。駐車スペースの先にゲートがあり、なおも進んだ車道の終点が登山道入口になる。この登山道には「十二支登山道」の愛称があり、山頂まで小さな祠に十二支の置物が祀られているのが微笑ましい。登山道は沢筋の林間を行くが、沢と離れて尾根に取り付く区間が難所だ。補助ロープが設置されているが、ほかにも補助ロープが必要な転落要注意の区間があり、気が抜けない。

「西前山コース」が合わさる尾根に取り付くと、山頂はもう一息。猪の置物が祀られた祠がある山頂は展望抜群。上田市街を眼下に、湯ノ丸山や烏帽子《えぼし》岳方面、反対側は蓼科《たてしな》、美ヶ原方面の山々が一望になる。

「宮沢コース」で出会った唯一の登山者は、静岡県藤枝市在住の丸山則雄さん。立ち話をしただけだが、私より1歳年下というこの人の経歴がすごかった。日本百名山2回り、各都道府県の最高峰完登、日本百名城と続日本百名城探訪も達成し、現在は日本百低山と日本の滝百選に挑戦中で、残りわずかだという。こんな

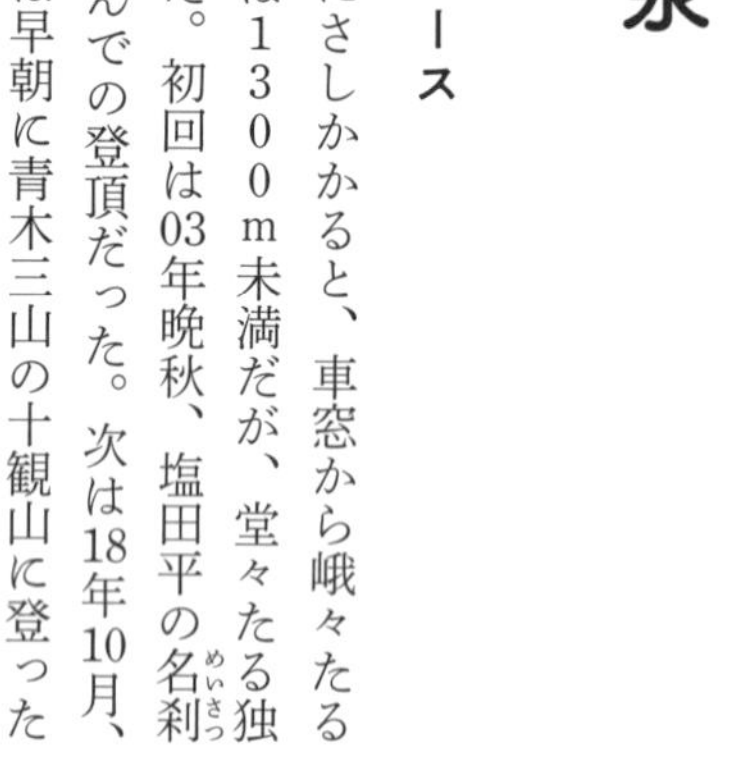

険しい岩峰が連なる塩田平から望む独鈷山

猪の置物を祀った祠が安置された独鈷山の山頂。視界は広く、信州の名山が眺望できる

すごい鉄人に遭遇できるということも、山歩きの楽しみの一つと言えるだろう。

（23年5月18日再訪、単独行）

山懐にひっそりと湯煙を上げる信州の秘湯

宮沢バス停が霊泉寺温泉の入口。ここからちょっと心細くなるような道を徒歩約30分、忽然と小さな集落が現れる。旅館4軒の小さな温泉場で、入口には霊泉寺が立派な伽藍《がらん》を構える。温泉は寺湯として発展したという古い歴史があり、鹿教湯《かけゆ》、大塩とともに丸子温泉郷として国民保養温泉地に指定されているが、なるほど保養には絶好の環境だ。霊泉寺温泉共同浴場は無骨な構えだが、浴槽は広く、源泉かけ流しの名湯が堪能できる。

独鈷山　標高1266m

コースタイム→独鈷山登山口から登り2時間・下り1時間10分◆独鈷山登山口まで、鉄道／北陸新幹線上田駅からバス1時間の宮沢バス停から徒歩約25分、車／上信越自動車道東部湯の丸ICから約40分

難易度 ★☆☆

霊泉寺温泉

霊泉寺温泉共同浴場☎080-1261-8432（霊泉寺温泉旅館組合）、入浴料200円（7:00～21:00、無休）◆泉質＝カルシウム・ナトリウム－硫酸塩温泉◆源泉温度＝43.5度◆宮沢バス停から車で約5分

霊泉寺共同浴場の広々と開放的な内湯

岩屑を敷き詰めたかのような硫黄岳の山頂

赤岩の頭から望む左から横岳、赤岳、阿弥陀岳

硫黄岳《いおうだけ》と夏沢《なつざわ》温泉

目標は夏沢温泉から赤岩《あかいわ》の頭《あたま》経由で硫黄岳

　赤岩の頭経由で八ヶ岳連峰のほぼ中間に位置する硫黄岳へは、かつて赤岳鉱泉から登ったことがあったが、夏沢温泉側からは登ったことはなかった。それも硫黄岳は目標とする山ではなく、そこから赤岳まで縦走するか、逆に赤岳側から北八ヶ岳方面に縦走する際の通過点だった。今回は桜平《さくらだいら》を基点に、夏沢温泉を経て、オーレン小屋から赤岩の頭経由で硫黄岳に登頂し、夏沢峠からオーレン小屋へ周遊する、いわば硫黄岳を最高点とするコースである。

　早朝7時30分に桜平の駐車場に集合。同行は長野の伊藤君、東京の柴田君、千葉の鹿野君の3名。心強い最強トリオだ。各自深夜走行での集結である。

　7時50分に出発。夏沢温泉までは宿が利用する林道歩きで約30分。その先は沢沿いの山道になり、オーレン小屋までは約50分。そこからは針葉樹の林間の登坂になり、ようやく林相がダケカンバに変わって見晴らしがきくようになると、まもなく赤岩の頭に着く。一気に展望が開け、快晴の空に八ヶ岳の主稜群がくっきりと姿を現した。赤岳鉱泉側から多くの登山者が合流してきて、登山道もにぎやかになる。ここから硫黄岳への砂礫《されき》の登りは視界が開けて快適だ。その上の急登もさほど苦痛に感じることもなく、岩屑《がんせつ》を敷き詰めたような硫黄岳山頂にちょうど12時に到着。1時間も休憩したあと、縦走路を夏沢峠に下り、

オーレン小屋へと周遊。夏沢温泉に15時に帰着すると、夏沢温泉の入浴が目的の坂口君と長尾さんが今や遅しと待ち構えていた。

（23年6月3日再訪、同行3名）

温泉檜風呂のある登山基地として人気の山荘

桜平から林道を歩いて約30分にある。登山客のほか温泉ファンも訪ねてくる秘湯で、かつてテレビ朝日の『秘湯ロマン』の収録に行ったこともある。宿名は夏沢鉱泉としか名乗ってないが、本書では温泉名を夏沢温泉、宿名を夏沢鉱泉、と表記した。泉質はメタけい酸を98・6mg含有する規定泉。檜風呂は4人も入れば満杯だが、下山後の心身に沁みわたるいい湯だ。

男女別にある夏沢鉱泉の快適な檜風呂

硫黄岳　標高2760m

コースタイム→桜平登山口から赤岩の頭経由登り3時間・下り夏沢峠経由2時間15分◆桜平登山口まで、鉄道／JR中央本線茅野駅からタクシー約50分、車／中央自動車道茅野ICから約50分

難易度 ★★☆

夏沢温泉

夏沢鉱泉☎0266-73-6673、日帰り入浴1000円（10:00～16:00、記念タオル付き、要確認）◆泉質＝温泉法上の温泉（メタけい酸含有）◆源泉温度=4.0度◆下山途中にある（桜平登山口から徒歩約30分）

赤岩の頭から硫黄岳に向かう尾根道。白茶けた砂礫の道が陽光に映えて印象的だった

木曽駒ヶ岳《きそこまがたけ》と早太郎《はやたろう》温泉

ロープウェイが近づけた中央アルプスの最高峰

あくまでも晴天が必須条件になるが、初級者や年配者でもさほど苦もなく立てる３０００ｍ峰は乗鞍岳《のりくらだけ》が筆頭だ。次に、３０００ｍには44ｍ足りないけれども、中央アルプスの最高峰である木曽駒ヶ岳（正式名は駒ヶ岳）が続く。

木曽駒ヶ岳がそれほど容易に登れる山になったのは、駒ヶ岳ロープウェイの恩恵によるものだ。高低差９５０ｍをわずか8分弱で一気に標高２６１２ｍの千畳敷駅まで引き上げてくれるからである。駅としては標高日本一の千畳敷駅と木曽駒ヶ岳との標高差は、わずか３４４ｍしかなく、好天なら登り2時間で山頂に立てる手軽さが魅力だ。

千畳敷駅からは、典型的な氷河地形の千畳敷カールと、それを取り囲む岩峰群が目の前に広がり、中でも宝剣岳の尖峰がひときわ目を引く。急登になる千畳敷カールさえ慎重に登れば、尾根上の乗越浄土《のっこしじょうど》からは雲上散歩の趣になる。木曽駒ヶ岳との間に中岳があるが、千畳敷の急登に比べれば優しい登りである。

登り着いた駒ヶ岳山頂には立派な御堂の駒ヶ岳神社が鎮座し、目前に木曽谷を挟んで間近に御嶽山《おんたけさん》が望める。伊那谷《いなだに》を挟んでは南アルプスが連なり、北方は北アルプスの峰々だ。千畳敷駅からわずか2時間で、この大展望を満喫できるのだから、さすが文明の利器というだけのことはある。

ポイントは、いかにスムーズに駒ヶ岳ロープウェイに乗れるかだ。紅葉前の9月の平日なのでそれほどは混まないだろうと萱《すが》の台ＢＣ《だいバスセンター》の駐車場に5時前に着いたが、なんとすでに満車に近く、バス乗り場には6時15分始発のしらび平駅行きバスを待つ長蛇の列ができていた。始発に乗ると、しらび平駅7時始発のロープウ

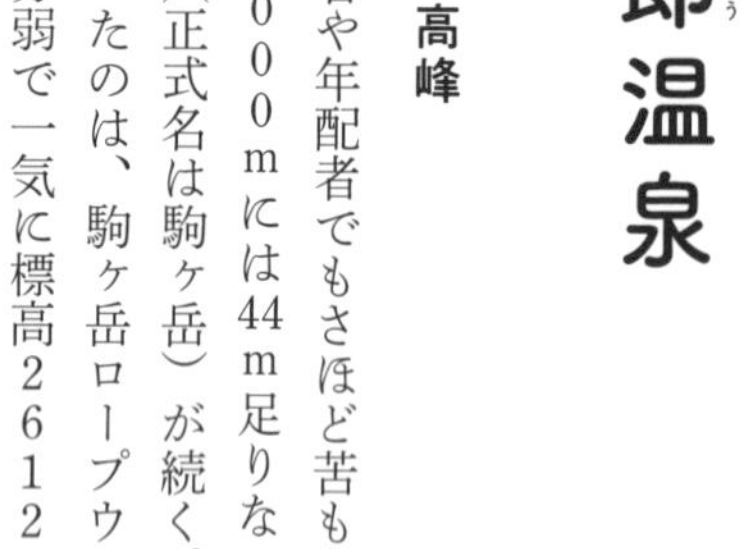

千畳敷カールの登りから千畳敷駅と南アルプス

中岳から木曽駒ヶ岳に続く登山コースを俯瞰。左は木曽谷を隔ててそびえる御嶽山

エイに乗れるが、とてもムリ。結局、千畳敷駅着は8時30分になっていた。時期や平日と土曜・休日では始発時間も変わるので、運行時刻を事前に確認しておくことが重要だ。（日本百名山、23年9月29日再訪、単独行）

萱の台BCから徒歩3分にある日帰り温泉施設

萱の台BCから徒歩約3分にあるのが、早太郎温泉の日帰り温泉施設こまくさの湯だ。立派な施設で、風呂のほか、食事処や無料休憩所を備える。風呂はサウナ付き大浴場、薬湯、ジェットバスが揃い、外には駒ヶ岳が望める開放的な露天風呂が続く。サウナと冷水浴やジェットバスは登山に疲れた心身を癒やすのに絶好だ。

木曽駒ヶ岳 標高2956m

コースタイム→千畳敷駅から登り2時間・下り1時間45分◆千畳敷駅まで、鉄道／JR飯田線駒ヶ根駅からバス45分のしらび平駅から駒ヶ岳ロープウェイ8分、車／中央自動車道駒ヶ根ICから約5分の萱の台BCからバス30分しらび平駅

難易度★☆☆

早太郎温泉

こまくさの湯☎0265-81-8100、日帰り入浴700円（10:00～21:00、水曜休）◆泉質=アルカリ性単純温泉◆源泉温度=28.4度◆萱の台BCから徒歩約3分

残雪の山を望むこまくさの湯の露天風呂

八方尾根登山の終着点となった丸山ケルン

八方池の手前に立つ八方ケルンからの眺望

八方《はっぽう》尾根《おね》と白馬《はくば》八方《はっぽう》温泉

八方アルペンラインを利用して天空の絶景を満喫

後立山《うしろたてやま》連峰を間近に、日本百名山11座を眺望するという八方尾根は、北アルプスの展望台といわれる。唐松岳から派生するこの長大な尾根に、ゴンドラリフトとリフトの計3基を乗り継ぎ、標高１８３０ｍの八方池山荘まで40分で引き上げてくれるのが八方アルペンライン。そこから八方池までは休憩込みで往復約3時間の家族連れでも楽しめるトレッキングコースだ。八方池から上は登山者の領域となり、唐松岳まで日帰りで往復する健脚者も少なくない。

白馬村の心強いサポーターである金子隆・相子夫妻の山好きの友人で、安曇《あずみ》野《の》市在住の安藤和代さんと折井和子さんが同行することになった。早朝に八方の駐車場で待ち合わせ、黒菱平《くろびしだいら》からリフト2基を乗り継いで八方池山荘には9時前に着いた。天気はとびきりの快晴。まずは八方池まで行き、あとはリフト最終16時30分に遅れないよう、登れるところまでという計画である。

あまりの絶景なので、3名とも写真撮影に夢中になり、歩みは遅い。何度も休憩しつつ、白馬三山を水面に映す八方池には10時15分に着いた。

八方池までで十分に満足したが、我々は登山者なので、さらに上を目指す。そこそこ急登の登山道を1時間30分かけ、標高２４３０ｍの丸山ケルンに12時50分に到着。八方尾根登山はここにて終了。復路も往路とはまた趣が違う

眺望を満喫しつつゆっくりと下り、八方池山荘には15時30分に帰還できた。(23年9月25日初訪、同行2名)

水素含有と美肌効果が話題の高アルカリ性温泉

白馬八方温泉は1986(昭和61)年開湯の比較的新しい温泉だ。白馬《はくば》鑓《やり》ヶ《が》岳《たけ》直下の南股川《みなみまたがわ》右岸にある泉源から初めて引湯されて誕生したのが、巨岩を利用した野趣あふれる露天風呂の日帰り温泉施設おびなたの湯だ。八方から約3km離れているので、車でない人は白馬八方BT《バスターミナル》に近接する八方の湯が利用しやすい。ちなみに、おびなたの湯誕生から7年後、ようやく八方地区の宿に温泉が配湯された。

自然の巨岩を利用したおびなたの湯

八方尾根 標高2430m(丸山ケルン)

コースタイム→八方池山荘から丸山ケルンまで登り2時間30分・下り2時間◆八方池山荘まで、JR大糸線白馬駅からバス5分の白馬八方BTから徒歩約10分の八方アルペンライン八方駅から約40分

難易度 ★★☆

白馬八方温泉

おびなたの湯☎0261-72-3745、入浴料700円(12:00 ~ 18:00、GW ~ 10月31日の営業、期間中無休)◆泉質=アルカリ性単純温泉◆源泉温度=49.7度◆白馬八方から車で約5分(徒歩約45分)

左から白馬鑓ケ岳、杓子岳、白馬岳の白馬三山を水面に映す絶景ポイントの八方池

白馬乗鞍岳《はくばのりくらだけ》と蓮華《れんげ》温泉

なだらかな山頂と山上の白馬大池を越えて屈指の秘湯へ

栂池《つがいけ》から天狗原《てんぐっぱら》、そして白馬乗鞍岳や蓮華温泉の一帯は、大学時代の春合宿の舞台だったので、今もなお胸が熱くなる思い出の地だ。現在はゴンドラリフトとケーブルカーを乗り継いで、栂池自然園のすぐ近くまで行けるので、格段に楽になった。行楽客でにぎわう栂池自然園の入口手前が登山道入口だ。

同行は、白馬村でのサポーターである金子夫妻の友人で安曇野市在住の安藤和代さん。栂池高原の駐車場で待ち合わせ、7時始発のゴンドラリフトに乗るつもりだったが、快晴の日曜とあってすでに長蛇の列だ。蓮華温泉の最終バスが14時50分と早いので、金子さんに蓮華温泉までの迎車を頼み込んでいた。

8時20分に登山口を出発し、天狗原には9時50分着。標高2200mに広がる高層湿原の天狗原の木道《もくどう》の先は白馬乗鞍岳の大斜面で、巨岩が露出した急登が待ち構える。コース中、最後の急坂を登り切ると、岩石の中にハイマツの緑がアクセントのなだらかな頂稜部《ちょうりょうぶ》*。その中ほどが大きなケルンと標柱が立つ白馬乗鞍岳山頂（最高点はここではない）で、11時40分着。安藤さんは健脚で、翌日の八方尾根にも同行してくれた。山頂で好展望に魅せられて1時間も大休止。この時点で蓮華温泉からのバスにはまず間に合わない。白馬大池まで約30分、巨岩の上を飛び石伝いに下り、白馬大池山荘のベンチで一息入れた。

朝日岳を正面に望む蓮華温泉の仙気ノ湯

白馬乗鞍岳から白馬大池へは巨岩の上を下る

＊頂稜部…頂上へとつながる稜線のこと。

三角形の小蓮華山や背後に白馬岳を望む、大きなケルンが目印の白馬乗鞍岳の山頂部

この白馬大池から蓮華温泉までコースタイム2時間の下りは疲れた膝にこたえたが、15分のオーバーだったからまずまずだ。ここは無理して日帰りにせず、蓮華温泉で1泊して温泉を堪能して帰るプランを推奨しておきたい。

（23年9月24日登頂、再訪、同行1名）

山の湯の醍醐味が体感できる野天風呂

蓮華温泉は白馬岳の北東、標高1475mに位置する一軒宿の秘湯で、6月下旬に車道が開通するまで一般客は入れない。山の斜面に点在する名物の野天風呂4つは、宿から10分ほど歩く。最上部にある薬師湯が女性にも利用しやすい貸切スタイル。館内の木造り浴槽の男女別内湯とも泉質の異なる自然湧出泉で、源泉かけ流しのとびきりの極上湯が堪能できる。

白馬乗鞍岳
標高2469m

コースタイム→栂池自然園入口から蓮華温泉まで約5時間15分◆栂池自然園入口まで、鉄道／JR大糸線白馬駅からバス27分の栂池高原から栂池パノラマウェイで約40分、車／長野自動車道安曇野ICから栂池高原まで約2時間（糸魚川ICから約1時間20分）

難易度 ★★☆

蓮華温泉

白馬岳蓮華温泉ロッジ☎090-2524-7237、日帰り入浴露天風呂500円（内湯800円、9:30～17:00、6月下旬～10月20日頃の営業）◆泉質＝単純酸性泉ほか◆源泉温度=79.0度（仙気ノ湯）ほか◆下山口にある

大渚山《おおなぎやま》と小谷《おたり》温泉

大渚山東峰直下の急登から見た東峰の険しい断崖絶壁と、日本百名山の雨飾山

雨飾山《あまかざりやま》や後立山連峰が一望の好展望の山

小谷村はかつて日本海側から内陸の松本まで塩を運んだ「塩の道」が通る山岳地帯であり、最大の難所だった。また、県境を接した小谷村戸土《とど》（とどのつまりの語源になったと言われる集落で、現在は無人）から湯峠《ゆとうげ》を越えて小谷温泉に至る古道は湯道と呼ばれていたという。小谷温泉の湯治客が通った道である。

大渚山はこの湯峠の南にあり、雨飾山と後立山連峰の展望台として知られる存在だが、すぐ近くの雨飾山に比べれば知名度は圧倒的に低い。小谷温泉からは湯峠までは林道が通行でき、最短1時間弱で山頂に立てる。

大渚山　標高1566m

コースタイム→小谷温泉から登り2時間30分・下り2時間◆小谷温泉まで、鉄道／JR大糸線南小谷駅からバス36分小谷温泉山田旅館前下車、車／長野自動車道安曇野ICから約2時間・北陸自動車道糸魚川ICから約1時間10分

難易度 ★☆☆

小谷温泉

大湯元山田旅館☎0261-85-1221、日帰り入浴700円（10:00～15:00）◆泉質＝ナトリウム－炭酸水素塩泉◆源泉温度=44.5度（元湯）、48.0度（新湯）◆下山口

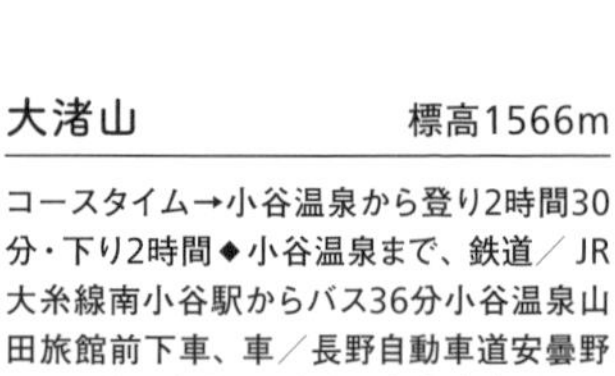
大湯元山田旅館の伝統の湯船「元湯」

今回は、小谷温泉から鎌池経由で湯峠に行き、大渚山に登るコースを選択した。登山道は大湯元山田旅館の渡り廊下を潜るところから始まる。旅館裏手の斜面を登り、まもなく見事なブナ林の道に入る。ブナ林に見惚れながら登り詰めると、約50分で鎌池のほとりに出た。鎌池は紅葉の名所で、林道経由で池畔《ちはん》の駐車場まで車で入り、友人たちと写真撮影を楽しみながら何度か探勝したことがあった。

池畔を時計回りに歩き、池尻で急坂を登ると林道に出る。そこから湯峠までは車道歩きで、鎌池から40分かかった。湯峠からは本格的な登山道になるが、山頂直下に急登がある程度。湯峠から1時間足らずで雨飾山と向かい合うピークに立ったが、こちらは東峰で、山頂標示と後立山展望台が設置されている山頂は、東峰から尾根道を10分ほど歩いた灌木に囲まれた場所だった。印象としては、展望抜群で休憩できるスペースも広い東峰の方が山頂と呼ぶにふさわしいと思った。展望台に上がってみたが、あいにく雲が多く、白馬岳と五竜岳、鹿島槍ヶ岳が雲の上に頭を覗かせているだけだった。ここは、快晴の日に再訪して後立山連峰の大観を眺望してみたい。

（23年10月3日初訪、単独行）

標高850ｍに自噴する伝統の名泉を守る一軒宿

小谷温泉は、1555（弘治元）年発見と伝わる古湯で、現館主で21代を数える。明治末期にドイツで開催された温泉博覧会に登別、草津、別府とともに日本を代表して出泉された輝かしい歴史もあり、今なお自然湧出泉の源泉かけ流しを堅持する名湯である。一軒宿となった老舗の大湯元山田旅館は、江戸時代築の木造3階建ても残る国登録有形文化財の名宿だ。風呂は本館に男女別内湯の元湯、別館に男女別内湯と後立山連峰を望む露天風呂がある外湯の2ヶ所。ここは前日か当日に1泊して、極上の湯と山宿の料理を堪能してみたいところだ。

ランチをするならここが最適の大渚山東峰

高社山《こうしゃさん》とよませ温泉

中野市・山ノ内町・木島平村の「ふるさとの山」

北信濃の名山といえば「高井富士」の別名を持つ高社山を第一に挙げたい。長野電鉄が信州中野駅から湯田中《ゆだなか》駅へと差しかかる頃、車窓にまっさきに飛び込んでくるのは、双耳峰の端正な山容が際立つ高社山である。中野市・山ノ内町・木島平村の境にそびえるこの山は、地元では親しみを込めて「たかやしろ」とも呼ばれる「ふるさとの山」だ。古くから修験道の修行の山として崇敬され、その修行の道は中野市側からのびる赤岩口《あかいわぐち》登山道で、十三仏を祀る信仰の道である。山ノ内町や木島平村側の山腹にはスキー場が開発されてしまったが、山頂には信仰の山の歴史が今も色濃く漂っている。以前、木島平村にある日帰り温泉施設の馬曲《まぐせ》温泉望郷の湯の露天風呂に浸かりながら、正面に望んだ高社山の山容が印象深く、いつか登ってみたいと思っていた。

日本温泉地域学会の野沢温泉大会に出席した翌日、同じく出席していた坂口裕之、鹿野義治両君とともに、山ノ内町側のよませ温泉スキー場からのルートを登った。こちらが最短コースでもあり、下山後に大好きなよませ温泉の遠見乃湯に立ち寄るコースにしたかったからである。

よませ温泉スキー場からの登山道は、スキー場のリフト終点までゲレンデを直登する。かなりの急登だが、振り返ると山ノ内町市街と善行寺平、志賀の山々が一望できた。リフト終点からは本格的な登山道になり、それほど苦労することもなく、ゆっくりと登って2時間で山頂に着いた。

高社山の山頂には立派な石祠が祀られ、各種の記念碑が立っていた。飯山《いいやま》市側に向かって展望テラスが設

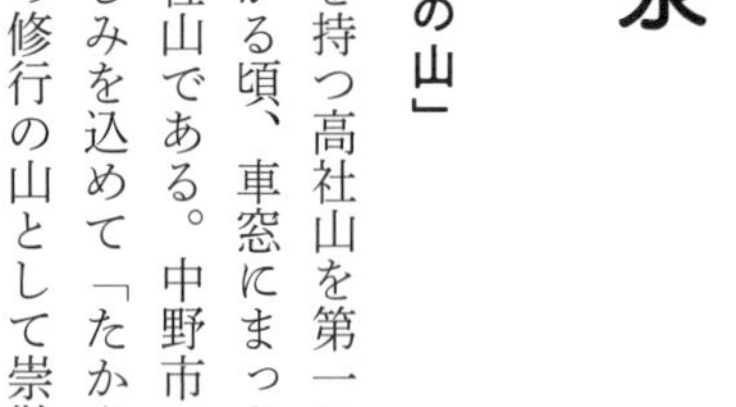

まずはスキー場のゲレンデ内の直登から

展望テラスも設けられた意外と広い高社山の山頂。古い石祠や記念碑が歴史を伝える

けられており、山頂方位盤によれば、視界のいい日は北《ほく》信五岳《しんごがく》や白馬岳から鹿島槍ヶ岳の後立山連峰、槍ヶ岳まで眺望できるようだ。下山後に浸かった遠見乃湯の露天風呂は格別だった。（23年6月5日初訪、同行2名）

志賀の山々と善行寺平を見下ろす露天風呂

よませ温泉のホテルセランが敷地内に設けた日帰り客対応の露天風呂が遠見乃湯だ。眼下に山ノ内町の中心部、その背後に志賀の山々、右手に中野市街や善行寺平を見下ろし、快晴の日はその背後に北アルプスも望める。まさに正真正銘の絶景露天風呂。遅くまで営業しているので、夜景を楽しんでから帰るのも一興である。

高社山　標高1351m

コースタイム→よませ温泉スキー場登山口から登り1時間45分・下り1時間15分◆よませ温泉スキー場まで、鉄道／長野電鉄湯田中駅からタクシー約15分、車／上信越自動車道信州中野ICから約20分

難易度 ★☆☆

よませ温泉

遠見乃湯☎0269-33-1111（ホテルセラン）、入浴料平日600円・土日祝800円（平日14:00〜22:00・土日祝11:00〜22:00、基本無休）◆泉質＝単純温泉◆源泉温度=51.0度◆下山口から車で約2分

よませ温泉・遠見乃湯の絶景露天風呂

ブナの森の中で視界が開けない斑尾山の山頂

野尻湖の背後に妙高山が見えるはずの大明神岳

斑尾山《まだらおやま》と斑尾高原《まだらおこうげん》温泉

北信の人々が仰ぎ見て崇拝した「ふるさとの山」

北信五岳《ほくしんごがく》とは戸隠山《とがくしやま》、飯縄山《いいづなやま》、黒姫山、妙高山、そして斑尾山を指す。他の山の標高１９０４ｍ（戸隠山）～２４５４ｍ（妙高山）と比べると、１３８２ｍの斑尾山はかなり低い。それでも五岳に選ばれたのは、一説には中野市方面から見ると斑尾山が一番手前で立派に見えるというのがその理由とか。

豪雪地帯の北信五岳は早くからスキー場が開かれ、高原リゾートとしての開発が進んだが、もっとも顕著なのが斑尾高原だ。ここからの登山道は斑尾高原スキー場下の登山口から半分以上もゲレンデ内を歩く。それでも登るほどに高原風景や斑尾山を起点とする信越トレイルが走る関田《せきだ》山脈が美しく望める。

約45分でようやくリフト終点。そこからは本格的な登山道になるが、さらにその上にも別方向からと思われるリフト終点が現れた。その先で右からタングラムスキー場方面からの登山道が合流する尾根に出る。周囲はちょうど新緑が美しいブナの森で、視界は開けないが快適な道だ。分岐から10分強で、樹林の中の斑尾山の山頂に着いた。山頂を示す標柱が立つだけで、視界もまったく開けず、ちょっと落胆する。山頂には十三薬師を祀る祠があり、かつては薬師岳と呼ばれていたというので探すと、大明神岳方面へ下る手前にひっそりと鎮座していた。

斑尾山の登山者の大部分が、斑尾山と尾根続きのブナ林の先にある片道10分ほどの大明神岳まで足を延ばす。ここは野尻湖や黒姫山、妙高山の好展望地の小ピークだが、この日は雲が多く、残念ながら野尻湖の一部しか望むことができなかった。

（日本三百名山、23年6月7日初訪、単独行）

斑尾高原の代表的ホテルは自家源泉の湯

斑尾高原温泉の斑尾高原ホテルは斑尾高原を代表するリゾートホテルだ。玄関前にバス停や無料大駐車場もあり、斑尾高原スキー場下の登山口までここから歩く人も少なくない。高原唯一の自家源泉を有し、サウナ付き大浴場と露天風呂を日帰り客にも遅くまで開放（22時受付終了）しているありがたい存在だ。

斑尾高原ホテルのサウナ付き大浴場

斑尾山　標高1382m

コースタイム→斑尾山登山口から登り1時間50分・下り1時間15分◆斑尾山登山口まで、鉄道／北陸新幹線飯山駅からバス30分斑尾高原ホテル下車徒歩約15分、車／上信越自動車道豊田飯山ICから約25分

難易度 ★☆☆

斑尾高原温泉

斑尾高原ホテル☎0269-64-3311、日帰り入浴1000円（6:00～10:00・12:00～23:00）◆泉質＝ナトリウム・カルシウム－塩化物温泉◆源泉温度=26.7度◆下山口から徒歩約15分

斑尾高原スキー場下の登山口から斑尾山方面を望む。山頂はピークの左奥になる

最初に大展望が開ける地蔵菩薩像が立つ五ノ峰。新潟平野の彼方には日本海と佐渡島

五《ご》頭《ず》山《さん》と出《で》湯《ゆ》温泉

五つの峰を巡礼しつつ登る五頭連峰の霊山

新潟平野から東方を望むと、ひときわ目立つ山塊が見える。菱《ひし》ヶ《が》岳《たけ》を最高峰とする五頭連峰だ。その菱ヶ岳でも標高９７３ｍしかないが、山麓に点在する村杉《むらすぎ》、今《いま》板《いた》、出湯の五頭温泉郷との標高差は８００ｍを超えるから登り甲斐はある。五頭山は８０９（大同４）年に弘法大師の開山と伝える霊山で、５つのピークにはそれぞれ観世音菩薩などの石像と石祠が祀られている。

前作では村杉温泉を基点に菱ヶ岳から五頭山まで縦走し、三ノ峰から周遊するコースを選定したが、今回は出湯温泉から五頭山を往復するコースにした。

五頭山　標高912m

コースタイム→出湯温泉登山口から登り2時間30分・下り1時間30分◆出湯温泉登山口まで、鉄道／JR羽越本線水原駅からバス22分出湯保育園前下車徒歩約20分（タクシー約15分）、車／磐越自動車道安田ICから砂郷沢駐車場まで約20分

難易度 ★☆☆

出湯温泉

華報寺共同浴場☎0250-62-3615、入浴料250円（6:30～18:30、無休）◆泉質＝単純温泉◆源泉温度=37.7度◆出湯温泉登山口から徒歩約20分

華報寺共同浴場の快適な風呂（男湯）

マイカーの場合は出湯温泉の奥に砂郷沢《すごうざわ》駐車場があり、そこから林道を徒歩約5分先に登山口がある。

出湯温泉から五頭山には、2018年6月25日に一度登った。4月に脊柱管狭窄症の手術をしたばかりだったが、7月に湯友たちと北アルプス山中の高天原《たかまがはら》温泉に行くことにしていたので、その試運転のつもりで登ったのが五頭山だった。そのときは登録有形文化財の宿の清廣館に前泊。出湯温泉から五頭山を経て菱ヶ岳まで縦走して村杉温泉に下山する計画だったが、いざ登り始めると術後の腰が安定せず、どうも勝手が違う。林間の急登を、一歩ずつ確かめるようにゆっくりと登り、花崗岩の巨岩が露出する五合目の烏帽子岩まで1時間半を要した。そこで大休止してやや元気を取り戻し、五ノ峰、四ノ峰、三ノ峰、二ノ峰と巡拝し、頂点の一ノ峰には13時に到着。コースタイムのちょうど2倍の4時間を要していた。

一ノ峰より50㎝高いという本峰にもピストンし、一ノ峰に戻ってこの日は断念した菱ヶ岳を目に焼き付け、14時30分に下山を開始。下りはわりと得意なので、登山口にはコースタイムとほぼ同じの16時に戻ったが、疲労度は半端なく、著しい体力の低下を痛感させられた苦い思い出の残る教訓的な山行となった。

（18年6月25日初訪、単独行）

霊験あらたかな古刹《こさつ》の境内にある共同浴場

出湯温泉は、温泉街の中心に立派な伽藍を構える古刹の華報寺《けほうじ》門前にこぢんまりとした温泉街を形成し、風情あふれるたたずまいが越後の隠れ湯的な雰囲気を醸し出している。清廣館は日帰り入浴不可なので、ここでは華報寺境内にある共同浴場の入浴を推奨する。弘法大師像が見守るタイル造りの湯船には、ややぬるめの湯が源泉かけ流し。地元の人が朝風呂に足しげく通う極上の湯である。温泉街にはもう1つ、改装されて現代風の造りになった出湯温泉共同浴場もある。

五峰最高点の一ノ峰から最高峰菱ヶ岳を眺望

青雲岳の山頂部は池塘と木道と休憩スペース

青雲岳の登りから見た堂々たる山容の大岳

守門岳《すもんだけ》と守門《すもん》温泉

主峰袴岳を中心に一大山系を構成する越後の名峰

越後の名峰守門岳は、標高1537mの袴岳を主峰に青雲岳《あおくもだけ》、大岳、中津又岳を合わせた山群の総称である。9月9日～26日の日程で群馬・長野・新潟・南東北、そして再び長野に戻るというロングランの旅に出た私は、11日に霧ヶ峰から移動して小出の駅前旅館に投宿。翌朝5時前に宿を出て、6月の浅草岳の帰途にロケハンしていた道を走り、6時には保久礼《ほきゅうれい》登山口にいた。

着替えや朝食を済ませ、熊鈴を付けて6時40分に出発。ブナ林の中の階段を登って行くと、驚いたことにもう下山して来る人がいた。三条市在住の加藤英夫さんで、なんと守門岳はホームグラウンドにしている山で数え切れないくらい登っているという鉄人だ。今日も暗いうちに登って大岳でモルゲンロートの山々を眺め、下山した足で出勤するというので驚嘆した。守門岳登山のポイントなどを教えてもらいながら、10分以上も立ち話に興じた。

大岳着は9時15分。途中30分はロスしたので、私としてはまずまずだ。山頂から右に歩くと、青雲岳から袴岳にかけての主稜が一望できる好展望地に出た。う～ん、遠いなぁと実感。ここから一気に鞍部に下り、青雲岳へ登り返す区間がきついが、池塘が散らばり木道もある青雲岳から袴岳まではわりと楽だった。11時袴岳登頂。大岳から袴岳まで休憩15分込みで1時間25分だから、なんとコースタイムと同じだ。上出来である。山頂からは越後三山や燧ヶ岳、快晴なら日本海や佐渡島も望めるという。6月に登った浅草岳がはっきりと見えて嬉しかった。

（日本二百名山、23年9月12日初訪、単独行）

高齢者センターにある地元の人の憩いの湯

国道252号から栃尾方面に向かう290号に入って約2㎞の右手に、守門温泉のすもん温泉白石荘がある。ここは魚沼市守門高齢者センターとして使用されている施設で、美肌効果の高い泉質の温泉浴場を一般客にも開放。泉質特有の薄茶色に変わる良泉だ。内湯だけだが、雰囲気のある湯船も好感度大である。

すもん温泉白石荘のいい雰囲気の内湯

守門岳　標高1537m

コースタイム→保久礼登山口から登り3時間・下り2時間30分◆保久礼登山口まで、鉄道／JR上越線小出駅からタクシー約1時間、車／関越自動車道小出ICから約50分

難易度 ★★☆

守門温泉

すもん温泉白石荘☎025-797-4004、入浴料700円（11:00～17:30、月曜休）◆泉質＝ナトリウム－炭酸水素塩・塩化物冷鉱泉◆源泉温度=23.8度◆保久礼登山口から車で約20分

大岳の好展望地から青雲岳、袴岳を眺望。ここから鞍部への下りと登り返しがきつい

浅草岳《あさくさだけ》と浅草岳《あさくさだけ》温泉

新潟・福島の県境にそびえるヒメサユリ咲く孤峰

高山植物に詳しい友人によると、ヒメサユリは浅草岳が秀逸だという。しかし、その群生地は県境の六十里越《ろくじゅうりごえ》登山口から鬼ヶ《おにが》面山《つらやま》の険しい断崖の縁を登って浅草岳に至るルート沿いだそうだ。私はそのコースは諦め、途中に浅草岳温泉があるネズモチ平登山口からのコースを選んだ。

ＪＲ只見線大白川駅前からネズモチ平駐車場まで約13㎞、車で20分ほどだ。8時50分に駐車場を出発し、林道を10分歩いてネズモチ平登山口に着いた。そこから15分ほど先で沢を渡り、その後は急登になる。あえぎながら登り、振り返ると守門岳の雄姿が見えた。前岳《まえだけ》から張り出した尾根の急登はかなり険しく、息を整え、給水タイムを頻繁に取りながら行動食も口にしつつマイペースで登った。その急登が突き当たった桜曽根《さくらぞね》登山道が合流する地点が前岳で、登山口から休憩込みで2時間40分かかった。コースタイムが2時間なので、私にとっては上出来だ。前岳からは緩やかな尾根歩きで浅草岳まで約20分。ここにはまだかなり大きな雪渓が残っていた。危険感はないが、滑落しないよう一歩ずつ踏みしめながら慎重に通過する。雪渓を越えると、浅草岳の山頂を目前にする直下に、木道が敷かれた草原が広がる。池塘が多かったようだが、今は陸地化が進んだのか1つしか発見できなかった。

草原からはほんのひと登りで浅草岳の山頂だ。12時10分に登頂。コンクリートで保護された一等三角点標石と石祠が安置された山頂は、３６０度の展望台だ。北西正面に守門岳、眼下に青い湖水の田子倉湖、鬼ヶ面山の鋭峰が印象的だった。淡い期待を抱いたヒメサユリには会えなかったが、山行には満足した。

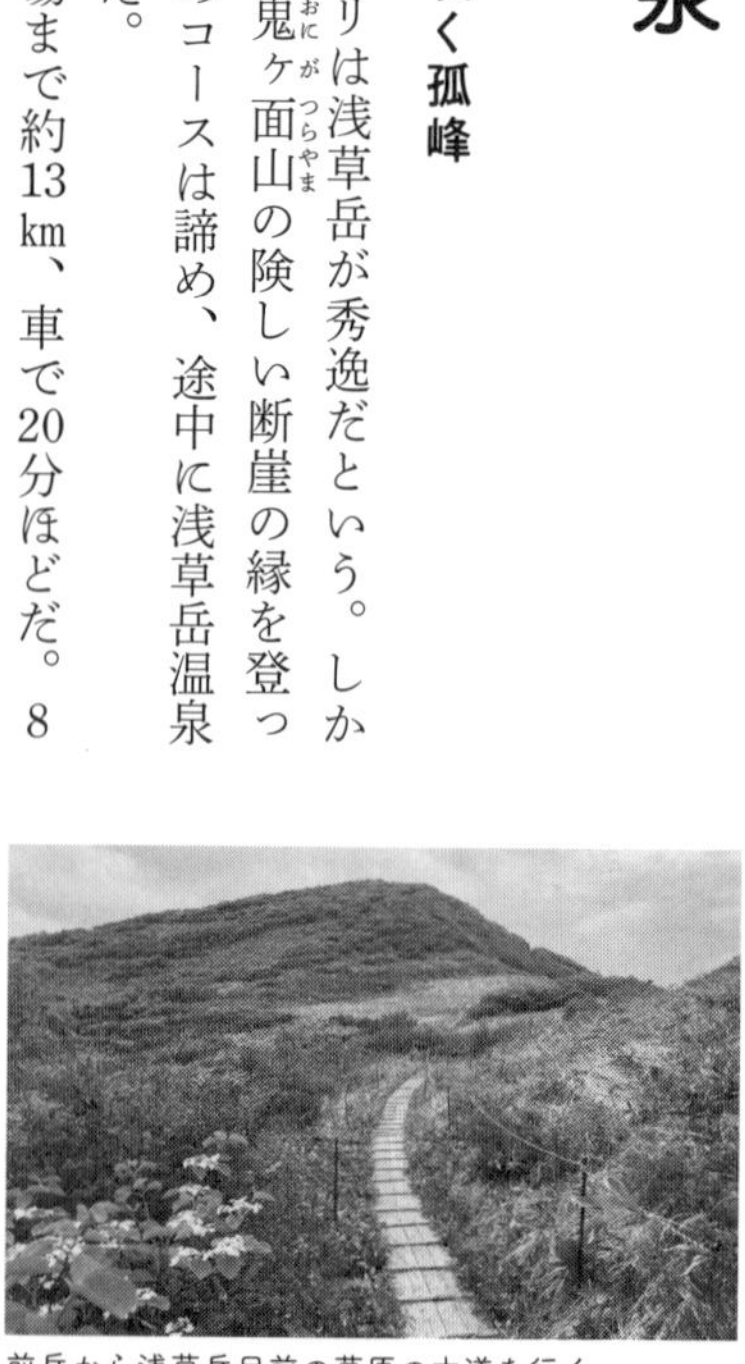

前岳から浅草岳目前の草原の木道を行く

一等三角点標石や古めかしい石祠、山頂標柱が立つ浅草岳の山頂。背後は守門岳

まったく誰にも会わない静かな山行だったが、前岳からの下りで、登って来る中年男性4人のパーティに初めて出会った。（日本三百名山、23年6月8日初訪、単独行）

ライダーの聖地を目指す一軒宿の浅草岳温泉

大白川から浅草岳や守門岳登山の拠点に絶好なのが浅草岳温泉の一軒宿、浅草山荘。23年から運営者が交替し、ライダーの聖地にするべくライダー向けテントを設営するなど意欲的だ。周辺は芝生広場やキャンプサイトなどがある浅草岳公園として整備中で、山岳リゾートとして大化けが期待できそう。風呂は源泉浴槽と加温浴槽があり、温冷交互浴でクールダウンできる。

浅草岳　標高1585m

コースタイム→ネズモチ平駐車場から登り2時間30分・下り1時間50分◆ネズモチ平駐車場まで、鉄道／JR上越線小出駅からタクシー約1時間、車／関越自動車道小出ICから約50分

難易度 ★★☆

浅草岳温泉

浅草山荘☎025-796-2331、日帰り入浴600円（11:00～17:00）◆泉質＝ナトリウム－塩化物・硫酸塩温泉◆源泉温度=31.1度◆ネズモチ平駐車場から車で約20分

浅草山荘の源泉浴槽と加温浴槽の風呂

北陸・東海・近畿

72〜85

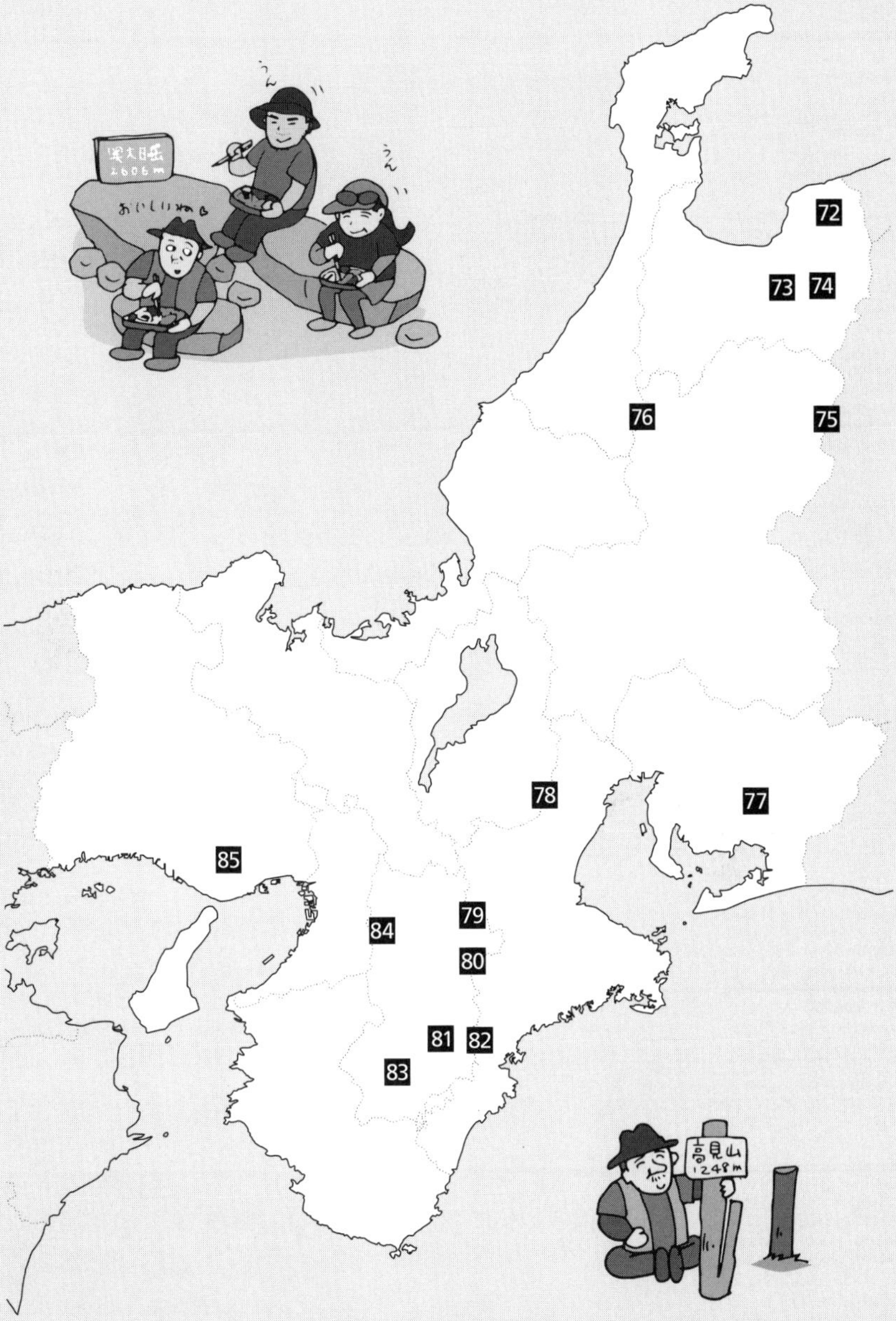
うん
うん
おいしいね♡
72
73
74
75
76
77
78
79
80
81
82
83
84
85
高見山
1248m

前僧ヶ岳から仏ヶ平や僧ヶ岳を望みながらの下り。駒ヶ岳の山頂や後立山連峰も眺望

僧《そう》ヶ《が》岳《だけ》と宇《う》奈《な》月《づき》温泉

僧ヶ岳　標高1855m

コースタイム→烏帽子尾根登山口から登り2時間30分・下り2時間◆烏帽子尾根登山口まで、鉄道／富山地方鉄道本線宇奈月温泉駅からタクシー約20分、車／北陸自動車道黒部ICから約50分（宇奈月温泉から登山口までの車道は冬期閉鎖）

難易度 ★☆☆

宇奈月温泉

フィール宇奈月☎0765-62-9520、日帰り入浴800円（6:00〜9:30・15:00〜21:00）◆泉質＝単純温泉◆源泉温度=98.3度◆烏帽子尾根登山口から車で約20分

フィール宇奈月の展望も楽しみな湯船

季節を知らせる魚津市民の「ふるさとの山」

ある日、宇奈月温泉を基点に登れる山を探していたところ、「日本橋とやま館」の田崎博勝総支配人から僧ヶ岳の存在を教えていただいた。魚津市民は、市内から雄大な山容が望める僧ヶ岳の初雪で冬の到来を、雪解けで春の訪れを知るのだそうな。また、僧ヶ岳の名は、雪形が僧の姿に見えるところから付けられたとも。

僧ヶ岳に向かったのは8月17日。宇奈月温泉から僧ヶ岳林道を走り、宇奈月尾根第三登山口に9時着。宇奈月尾根を黙々と登り、烏帽子尾根分岐まで約2時間、この辺から視界が開けてくるが、天候は曇天で遠目はきかない。前僧《まえそう》ヶ岳《がだけ》まで来ると、ようやく前方に僧ヶ岳の山頂部がガスの中に見え隠れした。前僧ヶ岳から下った鞍部の仏ヶ平はシーズンにはお花畑になるそうだが、この季節は花も少なく、ウメバチソウが目に付く程度だった。山頂には12時55分に着いたが、目の前の駒ヶ岳も後立山連峰もガスの中だ。山頂で天気待ちかと思う間もなく雨が降り出し、雷鳴が轟く。土砂降りの中、稲光と雷鳴に怯えながらの下山となった。満足な写真も撮れなかったし、これじゃリベンジもやむなしか、と覚悟を決めた。

計画変更できなかったので、下山後に白山麓まで移動して懇意にしている一里野《いちりの》高原ホテルろあんに夜遅くに投宿。翌日に石川・岐阜県境の三方岩岳に登ってからトンボ返り。宇奈月温泉で車中泊して、19日に再訪した。午前中の早い時間の登頂でなければ眺望は望めないと思い、この日は僧ヶ岳林道のさらに奥の烏帽子尾根登山口から登ることにして、登山口を6時40分に出発。宇奈月尾根よりも勾配は緩やかで距離も短い。宇奈月尾根との分岐まで1時間30分を要したが、先日より30分の短縮だ。ここから山頂までは約2時間、10時40分に登頂した。天気は良好で、後立山連峰の稜線は雲の中だったが、駒ヶ岳はくっきりと見えた。（23年8月19日再訪、単独行）

黒部峡谷の探勝基地でにぎわう富山県随一の温泉地

黒部峡谷の8km上流にある黒薙《くろなぎ》温泉から苦闘の末に引湯して誕生したのが宇奈月温泉。黒部峡谷鉄道に乗って黒部峡谷を探勝する拠点となり、大型旅館が建ち並ぶ富山県きっての観光温泉地へと発展した。宇奈月温泉では比較的リーズナブルで登山客の利用も多いのがフィール宇奈月。日帰り入浴の受付時間も長く、風呂は大浴場2つと貸切風呂を備え、発着する電車と温泉街を俯瞰しながらの展望風呂が好評だ。温泉街には手軽に利用できる日帰り温泉施設の総湯もある。

僧ヶ岳の山頂は駒ヶ岳と後立山連峰の展望台

剱岳をはじめ大展望が広がる奥大日岳の山頂

登山道では剱岳や立山連峰の眺望に魅了された

奥大日岳《おくだいにちだけ》とらいちょう温泉

夏期はお花畑が彩る剱岳《つるぎだけ》や立山連峰、室堂平《むろどうだいら》の展望コース

立山連峰が意外と容易に登れるようになったのは、なんといっても立山黒部アルペンルートの恩恵である。立山駅基点の場合、ケーブルカーと高原バスを乗り継いで室堂まで約1時間。立山駅を始発かそれに近い時間に乗れば、好天条件で立山連峰の主稜も奥大日岳も日帰り登山が十分に可能だ。

8月13日、新穂高温泉から柴田君と2人で富山県に移動。立山駅の駐車場で米沢市から長駆移動の湯友&山友の酒井亜希子さんと13時過ぎに合流した。雷鳥荘を早めに押さえ、立山と奥大日岳に登ろうという計画である。

14日は台風7号の影響を心配したが、立山の稜線は厚い雲に覆われているものの、奥大日岳方面は雲一つない快晴である。今日は奥大日岳と即決し、7時25分に出発。雷鳥沢《らいちょうざわ》キャンプ場から沢を渡り、剱御前《つるぎごぜん》への道を右に分けて直進する。お花畑を過ぎると、この先、新室堂乗越《しんむろどうのっこし》までは手強い急登がある。

新室堂乗越からは緩やかな尾根歩きで、やがて右手に剱岳が雄姿を見せる。このルートは立山連峰や剱岳、毛勝山《けかちやま》方面の展望コースであり、いやがうえにもテンションが上がった。途中、休憩をはさみながら、奥大日岳には11時登頂。山頂では正面の剱岳の頂上部に雲がかかったのは残念だった。なお、山麓から大日岳を経て奥大日岳に至るのが、盛んだった信仰登山の登拝道である。

最高点（標高2611m）に足を延ばしてランチを楽しんだ後、12時20分に下山開始。15時15分に雷鳥荘に帰還した。（日本二百名山、23年8月14日登頂、同行2名）

夏にはずっと滞在していたい立山の佳宿

室堂周辺には地獄谷を泉源とする温泉を引く宿が4軒あり、一軒宿のみくりが池温泉とらいちょう温泉、雷鳥沢の2軒が雷鳥沢温泉を名乗る。もっとも内容が整った山岳リゾートホテル風の湯宿は、らいちょう温泉の雷鳥荘。真湯の大浴場から階段を上がると奥大日岳を眺望する源泉かけ流しの展望風呂があり、下山後の余韻に浸るにはここ以上に格別な風呂はない。

奥大日岳が望める雷鳥荘の展望風呂

奥大日岳　標高2611m

コースタイム→室堂から登り3時間45分・下り3時間◆室堂まで、電車／富山地方鉄道立山線立山駅から立山黒部アルペンルート経由で約50分、車／北陸自動車道立山ICから約40分で立山駅

難易度 ★★☆

らいちょう温泉

雷鳥荘☎076-463-1664、日帰り入浴1000円（11:00～20:00）◆泉質＝酸性・含硫黄・鉄（Ⅱ）ー硫酸塩・塩化物泉◆源泉温度=72.5度◆下山途中にある（室堂まで徒歩約35分）

快適なお花畑を行く奥大日岳の登山道。この先は一番奥の大日岳まで試練の道だ

立山《たてやま》とみくりが池《いけ》温泉

山岳信仰の聖地と最高峰に登る贅沢な日帰りコース

立山は日本三霊山（富士山、白山、立山）に挙げられ、日本三大霊山では3番目の椅子を御嶽山《おんたけさん》と競っているという。いずれにせよ、立山が山岳信仰の聖地であることは疑うべくもなく、また霊山の中では登山口からもっとも容易に登れるのが立山だ。ただし、盟主の雄山《おやま》が標高3003m、最高峰の大汝山《おおなんじやま》は標高3015mの高峰である。天候の急変に備えて、しっかりとした足固めと防寒具や雨具の携行は必須。また、好天で風が弱い日を選ぶのが条件になる。

実は、奥大日岳に登ったあと、立山連峰を縦走して雷鳥荘にもう1泊する計画だった。ところが、台風7号の影響で立山連峰は雲に覆われ、雨も降り出してしまったため停滞。最終日も好天なら大汝山までピストンするつもりだったが、それも叶わなかった。これが高山の宿命である。

私が立山を縦走したのは、「日本百名山」完登を志してから99座目だった。その日の立山駅は大混雑で始発には乗れず、臨時便の増発などで室堂に着いたのは9時過ぎになっていた。スタートとしてはちょっと遅いが、幸いにも好天には恵まれたので、予定通り室堂から一ノ越《いちのこし》で尾根に取り付き、雄山の急登を一歩ずつ踏みしめながら登った。立山信仰の中心、雄山に11時20分着。室堂からほぼコースタイム通りだった。

雄山の山頂に建つ雄山《おやま》神社立山頂上峰本社では、お祓いを受ける人たちが長蛇の列だった。ここからいったん下り、緩やかに登り返すと、雄山から20分ほどで最高峰の大汝山に到着。山頂は大きな岩峰で、その岩の上によじ登り、大汝山の看板を掲げて記念撮影をすることで、達成感に浸る登山者が多かった。

一ノ越から雄山にかけてはコース一番の急登

立山信仰の聖地雄山の山頂には雄山神社の立山頂上峰本社が鎮座。右手は後立山連峰

日帰り登山の場合は、大汝山までで引き返すプランが時間的にみて無難だろう。室堂まで約2時間で戻ることができる。

（日本百名山、17年9月9日初訪、同行3名）

室堂から徒歩15分にある日本最高所の温泉

室堂に一番近い温泉が、標高2410mの日本一高い場所に建つ一軒宿のみくりが池温泉だ。眼前のみくりが池越しに立山連峰を望む景勝地で、少し先には激しく噴気を上げる地獄谷の展望所もあるので、観光客もここまでは散策がてら足を運ぶ。その多くは、みくりが池温泉のカフェで一息入れ、白濁の湯があふれる男女別の木造り浴槽で日帰り入浴を楽しんで行くようである。

立山　標高3015m（大汝山）

コースタイム→室堂から雄山経由で大汝山まで登り2時間30分・下り2時間◆室堂までは前項の奥大日岳のデータ参照。シーズンは混雑するので、マイカーの場合は早朝に駐車場を確保して始発のケーブルカーに乗るようにしたい。

難易度 ★☆☆

みくりが池温泉

みくりが池温泉☎076-463-1441、日帰り入浴1000円（9:00～16:00）◆泉質＝単純酸性泉◆源泉温度=45.0度◆室堂から徒歩約15分

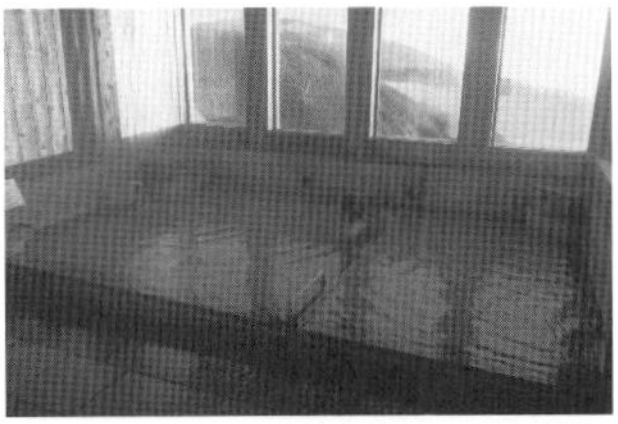

みくりが池温泉の日本最高所の温泉浴槽

西《にし》穂《ほ》高《たか》岳《だけ》独標《どっぴょう》と新《しん》穂《ほ》高《たか》温泉

日帰りで登るアルペンムード満点の西穂高岳独標

奥飛騨温泉郷の最奥、新穂高温泉から架かる新穂高ロープウェイの恩恵で、西穂高岳登山はかなり身近な存在になった。西穂高岳の山頂まで往復するとなると、コースタイム約7時間。ロープウェイの下り最終が16時45分なので、これは相当な健脚コースになるが、張り出した尾根の1峰とは思えないほどの存在感を示す西穂高岳独標へは、ロープウェイ運行開始の8時近くに乗れば、日帰り登山が十分に可能。しかも、アルペンムード満喫コースだ。

8月11日、中間駅のしらかば平駅に近い駐車場で、早朝7時に鹿野・柴田両君と待ち合わせた。しらかば平駅始発の8時15分に乗るためだったが、この日は「山の日」の祝日で少し早めに運行され、西穂高口駅に8時前に着いた。

西穂高口駅は標高2156m、独標との標高差はわずか545mだ。観光客の散策エリアを抜け、登山道に入る。林間の急坂を登って空が近づくと、まもなく西穂山荘に9時50分に到着。休憩を入れて1時間30分だった。

一息入れてから、西穂高岳の尾根に取り付く。20分で展望台の西穂丸山《にしほまるやま》。ここで独標に続く登山道が一望できた。なかなかの急登である。その斜面を登り切ると、独標は目の前。岩場を慎重に登るが、山頂直下は険しく、交互通行になった。独標には12時50分登頂。素晴らしい眺望だ。西穂高岳に続く峻険《しゅんけん》な

槍見舘の人気の混浴露天風呂「槍見の湯」

女性グループの歓声が響いた西穂高岳独標

険しい岩峰の西穂高岳独標。西穂高岳山頂へはさらに岩峰を越えて往復約2時間30分

岩稜を見て、主峰の登頂を諦めた。初めて登頂に執着しない自分に驚いたが、独標までで も十分満足していた。山頂では若い女性グループと交歓し、記念写真を撮らせてもらった。

（23年8月11日初訪、同行2名）

川沿いに点在する露天風呂と貸切風呂

新穂高温泉の槍見館は、かつて槍見温泉の一軒宿と呼ばれる岳人御用達の山の宿だった。その名は「槍を見る館」。館内の廊下や内湯と露天風呂からも、蒲田川《がまたがわ》の奥に槍ヶ岳の尖峰が眺望できる。現在は古民家を移築した名旅館で、名物は河畔に露天風呂や貸切風呂が点在する露天ゾーン。日帰り入浴の時間が短いので、西穂山荘に1泊して下山後に立ち寄るか、後泊しての温泉三昧を楽しむプランがおすすめだ。

西穂高岳独標
標高2701m

コースタイム→西穂高口駅から登り2時間30分・下り2時間◆西穂高口駅まで、鉄道／JR高山本線高山駅からバス1時間36分の新穂高温泉駅から新穂高ロープウェイで約25分、車／高山清見道路高山ICから約1時間20分新穂高温泉駅（松本ICから約1時間30分）

難易度 ★★☆

新穂高温泉

槍見館☎0578-89-2808、日帰り入浴500円・貸切風呂1000円（10:00 ～ 14:00、不定休・要確認）◆泉質＝単純温泉◆源泉温度=55.4度◆新穂高ロープウェイからバス4分中尾高原口下車徒歩約5分

三方岩岳《さんぼういわだけ》と中宮《ちゅうぐう》温泉

手軽なハイキング気分で登れる白山の展望台

北陸の名山といえば、立山連峰と双璧を成すのが白山だ。半年間は純白の雪をまとった山容は、北陸の平野部からも、遠くの山々の頂からも白山だとはっきりとわかる。その気高さゆえに古くから霊山として信仰されてきた。北陸の人々にとっては精神的支柱の「ふるさとの山」であり、私にとっても白山は「日本百名山」完登、「温泉百名山」選定登山へと導いてくれた特別の山である。

さて、今回はその気高い峰を展望する山として、石川・岐阜の県境にそびえる三方岩岳を選んだ。白山麓と白川郷《しらかわごう》を結ぶ白山白川郷ホワイトロードを走れば、県境の三方岩トンネルの岐阜県側入口にある三方岩駐車場からは50分程度で登ることができ、好天であればハイキング気分で登れる手軽さも魅力である。近いのは岐阜県側だが、ここでは白山登拝道の拠点だった中宮温泉と組み合わせて、ゲートから約13km、車で約20分にある石川県側の栂《つが》の木台駐車場からの往復コースを選んだ。

栂の木台駐車場を出発したのは12時15分。道路向かいの登山口からいきなりの急登で、尾根上のふくべ谷上園地展望台まで18分。展望台に上がると、白山は中腹まで雲の中だ。尾根道を進むと、前方に三方岩岳の岩峰が見えてきた。緩やかな尾根道を15分で岐阜県側からの登山道と合流。ここから次第に急坂になり、まもなくベンチとテーブルが設置された三方岩岳の山頂に到着。合流点から40分のスローペースだった。

なるほど、三方岩岳は三方が岩壁である。遠くから見ると、三方が岩壁であることからの命名なのだろう。山頂からの眺望は素晴らしく、正面に白山が一望だ。この日は雲が重く、稜線までは姿を見せてくれなかっ

尾根道から三方岩岳の特徴ある山容を眺望

三方は断崖絶壁だが、山頂はのどかな雰囲気の三方岩岳。正面に白山の大観が望める

たが、それでも十分な展望だった。なお、白山白川郷ホワイトロードの通行期間は6月上旬〜11月上旬までで、冬期は閉鎖。

（日本三百名山、23年8月18日初訪、単独行）

泰澄《たいちょう》大師《だいし》発見と伝わる白山麓きっての秘湯

白山開山の泰澄大師が発見したと伝わる古湯で、長大な登拝道の中宮道の拠点となった温泉だ。白山白川郷ホワイトロードの開通で便利になったとはいえ、冬期は閉鎖される厳しい自然環境の中にある秘湯である。現在湯宿は3軒。老舗のにしやま旅館は歴史を感じさせる総檜造りの内湯と周囲の山峡風景を見晴らす樽風呂の露天風呂があり、源泉かけ流しの極上の湯が堪能できる。

三方岩岳　標高1736m

コースタイム→栂の木台登山口から登り1時間・下り50分◆栂の木台登山口まで、鉄道／北陸鉄道鶴来駅からタクシーで約1時間30分、車／北陸自動車道小松ICから約1時間30分

難易度 ★☆☆

中宮温泉

にしやま旅館☎076-256-7219、日帰り入浴700円（10:30～14:30、4月下旬～11月下旬の営業）◆泉質＝ナトリウム－塩化物・炭酸水素塩泉◆源泉温度＝60.2度◆栂の木台登山口から車で約20分

にしやま旅館の源泉かけ流しの内湯

鳳来寺山《ほうらいじさん》と湯谷《ゆや》温泉

石段の表参道から鳳来寺の奥の院を越えて山頂へ

愛知県でどこかを選ぶとなれば、鳳来寺山と湯谷温泉の組み合わせしか思い浮かばなかった。湯谷温泉には懇意にしている宿もあり、山全体が国の名勝という鳳来寺山を歩いてみたかったからである。

鳳来寺は７０３（大宝３）年に利修《りしゅう》仙人によって開山。利修仙人は文武《もんむ》天皇の病を治しに鳳凰に乗って都入りし、加持祈禱の効力によって天皇は快癒。その褒美に伽藍を建立し、鳳来寺の名を賜ったという伝説上の超人である。その後も源《みなもとの》頼朝《よりとも》、徳川家康《とくがわいえやす》ら時の権力者に保護され、松尾芭蕉《まつおばしょう》、若山牧水《わかやまぼくすい》など著名な文人墨客も足を運ぶなど、奥三河《おくみかわ》の名刹として天下にその名が知られた。

鳳来寺バス停から門前町の面影を残す参道を約15分で、源頼朝寄進と伝える表参道１４２５段の石段下に着く。老杉《ろうさん》が目を引く石段の急登を約40分、１３１６段目の鳳来寺に到着。登山道は鳳来寺の裏山へと続き、仙人入寂《にゅうじゃく》の勝岳不動、奥の院と続く。奥の院裏手の展望所からは遠く豊川市街や三河《みかわ》湾まで眺望できた。そこから登り10分で樹木に囲まれた鳳来寺山山頂（６８４ｍ）に到着。この先の瑠璃山が国土地理院による鳳来寺山の最高点（６９５ｍ）らしく、５分ほどで好展望の岩山に出た。山頂標示はないが、ここが瑠璃山のようだ。

山頂に戻り、東照宮・天狗岩方面へ。天狗岩、鷹打場《たかうちば》の好展望台を経て、鳳

湯谷温泉・はづ別館の庭園露天風呂

表参道1425段の石段は鳳来寺山の名物

奥三河の山並みや遠く三河湾も望める絶景ポイントの鷹打場。ここから鳳来山東照宮まで約25分

来山東照宮の脇へと下山した。絢爛豪華な社殿は祖父徳川家康ゆかりの地に孫の家光が建立したもので国の重要文化財だ。ここから鳳来寺山山頂バス停まで徒歩10分。午後は13時43分の次は15時28分（24年度）しかないので要注意。

（23年11月11日初訪、単独行）

JR飯田線きっての温泉場は渓流美も自慢

湯谷温泉は宇連川《うれがわ》の清流沿いに温泉街を形成する沿線随一の温泉場で、利修仙人の発見と伝わる古湯だ。私の贔屓《ひいき》にしている宿は駅前に建つ民芸調の和風旅館はづ別館。風呂も民芸ひのき風呂、鳳液泉《ほうえきせん》大風呂、宇連川に臨む庭園露天風呂と多彩だ。日帰り入浴時間が短く不定休なので、ここが利用できなかった場合は、日帰り温泉施設鳳来ゆ〜ゆ〜ありいながおすすめ。

鳳来寺山（瑠璃山）

標高695m

コースタイム→鳳来寺バス停から表参道経由鳳来寺山まで1時間・鳳来寺山から鷹打場経由鳳来寺山山頂バス停まで1時間20分◆鳳来寺バス停まで、鉄道／JR飯田線本長篠駅からバス8分、車／新東名高速道路新城ICから約15分

難易度 ★☆☆

湯谷温泉

はづ別館☎0536-32-1211、日帰り入浴1200円（11:00〜14:00、不定休につき事前に要確認）◆泉質=ナトリウム・カルシウム−塩化物温泉◆源泉温度=34.8度◆鳳来寺山山頂バス停からバス15分（1日3便）湯谷温泉南下車徒歩約5分

御《ご》在《ざい》所《しょ》岳《だけ》と湯《ゆ》の山《やま》温泉

キレット手前から御在所ロープウェイとこれから登る御在所岳前衛の岩峰を望む

巨岩怪石に目を奪われる鈴鹿山脈の最高峰

鈴鹿山脈主峰の御在所岳は、早くから観光開発が進み、ロープウェイとリフトを乗り継げばほぼ歩かず容易に山頂に立てる。今はないが、かつての山上はホテルやバンガロー、観覧車もある山岳リゾート地と化していた。取材で訪ねたことのある私は、その光景に愕然とし、長らくそのイメージを払拭できないでいた。

今回、候補地選定の過程で、御在所岳は魅力的な何本もの登山ルートがある人気の山だとわかり、湯の山温泉との組み合わせを即決した。

前日鳳来寺山から下山後、名古屋に移動して温泉仲間

御在所岳　標高1212m

コースタイム→中道登山口から登り2時間30分・下り一ノ谷新道経由で1時間30分◆中道登山口まで、鉄道／近鉄湯の山線湯の山温泉駅からタクシーで約10分、車／新名神高速道路菰野ICから約15分

難易度 ★★☆

湯の山温泉

グリーンホテル☎059-392-3110、日帰り入浴平日800円・土日祝900円（10:00～19:30、金曜休）◆泉質=アルカリ性単純温泉◆源泉温度=30.7～45.2度◆中道登山口から車で約10分

グリーンホテルの大露天風呂（男湯）

の集いに出席。散会後は一宮市に移動して温泉達人会同志の関真典・美華子宅にお世話になった。翌早朝、関君運転の車で御在所岳の中道登山口に向かった。約1時間後の6時過ぎに駐車場に到着。日曜とあって、駐車場はほぼ満車状態だったのには驚いた。御在所岳の人気ぶりが知れた。

同行を買って出てくれた関君は温泉の達人だが、初登山でやや緊張気味。6時45分に出発し、中道登山口から登山道に入った。50分で4合目のおばれ岩。恐ろしく巨大な花崗岩だ。御在所岳は奇岩怪石の花崗岩の山で、芸術的な造形の地蔵岩には驚嘆した。5合目の展望所では四日市《よっかいち》市街や伊勢湾、知多《ちた》半島も望めた。6合目はクサリ場のキレット＊。なかなか手強い。その先、岩場の急登が続き、山上《さんじょう》公園の舗装路には9時35分に着いた。リフトを横目に山頂を目指し、観光客で混雑する山頂には10時に到達。関君は余裕綽々《しゃくしゃく》の涼しい顔で、登山の魅力にはまりそうだと笑った。温泉プラス登山好きがまた一人誕生したようである。

10時50分、一ノ谷新道を下山する。林間を急下降する険しい道だが、慎重に下山し、途中断崖絶壁を昇降するロープウェイが間近に望める見晴し台で一息入れ、駐車場帰還は12時45分だった。（日本二百名山、23年11月12日初訪、同行1名）

三重県きっての観光温泉地、湯の山温泉の極上湯

三重県を代表する温泉地といえば御在所岳の麓にある湯の山温泉だ。ビル建築の観光ホテルが林立するが、こと温泉となればグリーンホテルが群を抜いている。自家源泉3本を有し、毎分約８００リットルの豊富な湧出量を誇る。湯づかいも素晴らしく、広大な大浴場にも源泉かけ流し浴槽があり、露天風呂ゾーンにある八角形の木造湯船の庭園露天風呂も源泉かけ流しで、一段下にある大露天風呂も快適だ。日帰り入浴も18時30分が最終受付なので、ゆっくりできる。

5合目の展望所から四日市、三河湾方面の眺望

＊キレット…山の尾根の深く切れ込んだ場所。

南方の高見山方面だけ開けている倶留尊山の山頂

亀山から俯瞰した早朝の曽爾高原とお亀池

倶《く》留《ろ》尊《そ》山《やま》と曽《そ》爾《に》高原《こうげん》温泉

ススキの名所の曽爾高原から登る県境にまたがる名山

　奈良県東北端に位置する曽爾村が私は大好きで、何度も足を運んでいる。赤《あか》目《め》四十八滝《しじゅうはちたき》近くの赤目温泉から曽爾村に抜け、奥香落《おくこうち》温泉・奥香落山荘という佳宿に泊まったこともあるが、今は閉館した。曽爾高原を再訪した際、開業まもない「お亀の湯」という日帰り温泉施設に入った。泉質の良さと絶景露天風呂に感動した記憶があり、今回はここと倶留尊山を入れると決めた。

　曽爾高原入口の有料駐車場に着いたのは早朝5時。「お亀の湯」の撮影を依頼していたので、開館前に倶留尊山を往復する必要があったからだ。出発は5時35分。登山道を進むと、すぐに曽爾高原の中心部のお亀池に出る。秋は一面のススキが色づく観光名所である。6月のこの時期は緑一色だが、早朝のお亀池は美しかった。池畔を歩き、亀山峠へ。尾根道の林間に入ってまもなく、二本ボソ（イワシの口の意）に着いた。この先、倶留尊山へかけては私有地なので、管理所で環境整備名目の入山料５００円を支払う。無人の場合は料金箱に入れる仕組みだ。二本ボソから見る倶留尊山の山容は立派だ。いったん鞍部まで下り、倶留尊山へは補助ロープが設置された急坂を登る。7時40分、三重との県境にまたがる倶留尊山に登頂。南方だけ視界が開け、前日登った高見山もよく見えた。大阪・松原市在住の芝本さんが登って来たので、撮影のモデルになってもらった。8時15分に下山開始。途中、亀山で曽爾高原を眺めて休憩したので、駐車場には9時20分過ぎに戻った。（日本三百名山、23年6月19日初訪、単独行）

村のシンボル兜《かぶと》岳《だけ》と鎧《よろい》岳《だけ》を望む絶景露天風呂

新名所となったファームガーデンの奥にあるのが、曽爾高原温泉の日帰り温泉施設お亀の湯。浴場は木の浴室と石の浴室の2ヶ所あり、週替わりの男女交替制。サウナ付き大浴場もいいが、圧巻は風呂に浸かりながら村のシンボルの兜岳と鎧岳を眺望する絶景露天風呂。泉質は美肌の湯の代表格で、畳敷きの食事処も広く、近畿圏では屈指の人気の温泉施設だ。

人気抜群のお亀の湯の絶景露天風呂

倶留尊山　標高1037m

コースタイム→曽爾高原入口から登り1時間45分・下り1時間15分◆曽爾高原入口まで、鉄道／近鉄大阪線名張駅からバス44分の太良路から徒歩約1時間（秋には直行便運行）、車／名阪国道針ICから約50分

難易度 ★☆☆

曽爾高原温泉

お亀の湯☎0745-98-2615、入浴料900円（11:00〜21:00・12〜3月11:00〜20:30、水曜休・祝日の場合は翌日休）◆泉質=ナトリウム一炭酸水素塩温泉◆源泉温度=43.0度◆曽爾高原入口から徒歩約25分

亀山峠付近から二本ボソに向かう尾根道。二本ボソの後ろに倶留尊山のピークが覗く

高見山《たかみやま》とたかすみ温泉

冬は霧氷が美しい関西のマッターホルン

奈良県東吉野村から国道166号（伊勢街道）を走ると、やがて前方に見事な三角錐の鋭峰が見えてくる。関西（または近畿）のマッターホルンと呼ばれる、台高《だいこう》山脈北端の名峰高見山だ。山の南側には大和から伊勢参りに向かう伊勢街道の大峠《おおとうげ》があり、旅人にとっては街道一の難所として畏怖されたという。

東吉野村からの登山道は、国道166号沿いの杉谷《すぎたに》からと、たかすみの里と呼ばれる下平野《しもひらの》からある。今回はたかすみ温泉がある下平野から入山した。温泉の少し手前にある下平野バス停から赤い橋を渡るとすぐに登山道入口がある。杉林の中を緩やかに登り、約1時間で休憩所もある老杉の高見杉。さらに杉林が続き、高見杉から40分で杉谷からの登山道と合流する尾根に出た。その先、ブナの木も現れ、国見岩《くにみいわ》、揺岩《ゆるぎいわ》、笛吹岩《ふえふきいわ》といった巨岩を横目に急登する。

左の展望が開け、大峰《おおみね》山系を望むようになると山頂は近い。階上が展望台の避難小屋が見えると、その背後が高角《たかすみ》神社の立派な社殿が鎮座する高見山の山頂だ。分岐から約1時間かかった。展望は大きく、北方には翌日登る予定の倶《く》留尊山《ろそやま》もくっきりと望めた。山頂には大峠からの最短コースを来たという登山者が数人。大阪から近鉄電車と路線バスを使い、杉谷からの登山道を来たという梅木一利さんとしばし歓談し、楽しいひとときを過ごすことができた。

たかすみ温泉の木の香と清潔感が漂う内湯

展望台から大峰山系方面の山並みを眺望

高見山の山頂から三重方面の山並みを望む。この直下の斜面が大峠からの登山道

なお、路線バス利用の場合、東吉野村地域振興課のアドバイスによると、近鉄榛原《はいばら》駅9時34分発→東吉野村役場前10時08分発杉谷方面行きに乗り継ぎ、10時36分杉谷の高見登山口着が便利（事前に要確認）とのことである。

（日本三百名山、23年6月18日初訪、単独行）

下平野登山口近くにある日帰り温泉施設

たかすみ温泉は、たかすみの里に東吉野村が建設した日帰り温泉施設が1軒。東吉野村ゆかりの文人の資料を展示するたかすみ文庫を併設している。木造平屋建ての瀟洒《しょうしゃ》な建物で、風呂は槇《まき》と檜造りの内湯と露天岩風呂があり、源泉名は深吉野《みよしの》温泉。高見山登山者の利用も多く、開館時間から駐車場が利用できるのもマイカー登山者にとってはありがたい存在だ。

高見山
標高1248m

コースタイム→下平野登山口から登り2時間45分・下り2時間15分◆下平野登山口まで、近鉄大阪線榛原駅からバス（東吉野村役場前乗り継ぎ）約50分下平野下車徒歩約5分、車／西名阪自動車道天理ICから約1時間10分

難易度 ★★☆

たかすみ温泉

たかすみ温泉☎0746-44-0777、入浴料500円（11:00～21:00・12月1日～3月15日は11:00～20:00、木曜休・祝日の場合は翌日休）◆泉質=ナトリウムー塩化物温泉◆源泉温度=25.3度◆下平野登山口から徒歩約10分

信仰対象（本峰）だった大日山の鋭い岩峰

稲村ヶ岳の展望台から山上ヶ岳方面の眺望

稲村《いなむら》ヶ《が》岳《たけ》と洞川《どろがわ》温泉

「女人大峯《にょにんおおみね》」と呼ばれた大峰山系唯一の独立峰

奈良県中南部に位置する天川村《てんかわむら》を訪ねると、霊感には縁のない私でも何か特別な感覚に陥る。大峰山（狭義では山上ヶ《さんじょうが》岳《たけ》を指す）の登拝基地となっている洞川《どろがわ》地区に入ると、忽然と現れる歴史を秘めた旅籠《はたご》風の宿が建ち並ぶ旅館街にも驚かされる。大峰山登拝に向かう修験者《しゅげんじゃ》が古刹《こさつ》の水で身を浄《きよ》める習わしが残る龍泉寺では、境内に一歩入ると霊気が漂っているように感じた。

ここでは、今なお女人禁制を守る山上ヶ岳の南に向かい合う、稲村ヶ岳を取り上げた。大峰山系唯一の独立峰で、女性の登拝を解禁した霊山でもある。

同行は大阪市在住で純温泉協会（HP参照）代表の山口貴史君。温泉街を抜けた先の登山道入口から昼なお暗い杉林の中の登坂が続き、途中で母公堂《ははこどう》からの登山道も合流。やがて広葉樹に変わって、およそ1時間で法力峠《ほうりきとうげ》。ここからはトラバース気味に登り、1時間20分後に山上ヶ岳からの登山道が合流する山上辻に着いた。稲村岳山小屋とトイレがあり、ベンチで小休止。

山上辻からは、ブナ林と下笹の美しい道に感動した。山口君も「ホンマにこんな美しい山が近畿にもあったんやね」といたく感じ入った様子。大日山《だいにちさん》への分岐があるキレットを過ぎると、まもなく稲村ヶ岳山頂だ。立派な展望台に立つと、正面に山上ヶ岳から大峯奥駈道《おおみねおくがけみち》北部に連なる山々が眺望できた。

稲村ヶ岳の信仰対象である本峰は、屹立する岩峰の大日山のことだ。分岐から険しい登拝道を往復約30分。山頂には大日如来像を祀る簡素な御堂があり、霊峰であることがわかる。（23年6月16日初訪、同行1名）

夜は提灯が一斉に点る昭和ムードの温泉街

洞川が温泉地になったのは1983（昭和58）年のこと。今では奈良県でも有数の観光地になった。登山客が利用しやすいのは、24年4月に新築リニューアルオープンした日帰り温泉施設の洞川温泉ビジターセンター。風呂は内湯と露天風呂で、間伐材を利用した薪ボイラーを導入しているのも話題の一つだ。

洞川温泉ビジターセンターの内湯

稲村ヶ岳　標高1726m

コースタイム→洞川登山口から登り3時間30分・下り2時間20分◆洞川登山口まで、鉄道／近鉄吉野線下市口駅からバス1時間18分洞川温泉下車徒歩約15分、車／南阪奈道路葛城ICから約1時間20分（登山口前の駐車場を利用可）

難易度 ★★☆

洞川温泉

洞川温泉ビジターセンター☎0747-64-0800、入浴料800円（11:00～20:00、水曜休・祝日の場合は翌日休）◆泉質=単純温泉◆源泉温度=30.7度◆下山口から徒歩約15分

山上辻から先のブナ林と下笹の道。木漏れ日が差し込む美しい光景が強く印象に残った

大台《おおだい》ヶ《が》原《はら》と入之波《しおのは》温泉

多雨が育む豊かな植生の山岳高原を逍遥《しょうよう》

奈良・三重県境部を南北に貫く台高《だいこう》山脈の北端の山が高見山、南端の山が大台ヶ原である。大台ヶ原山というピークはなく、山岳高原の趣だ。大台ヶ原は国内きっての多雨地帯で、深田久弥の名著『日本百名山』にも「大台ヶ原に登って雨に遇わなかったら、よほど精進のよい人と言われる」と記されている。

大台ヶ原には「日本百名山」完登の一環として、広大な駐車場から日出ヶ岳《ひでがたけ》→正木ヶ原《まさきがはら》→牛石ヶ原《うしいしがはら》→大蛇嵓《だいじゃぐら》往復→シオカラ谷→駐車場と、時計回りに一周する「東大台コース」を歩いた。同行は何度も山行を共にしたベテラン登山者だった故・谷野和子さん。鞍部の分岐までは緩やかな登りで、そこから急な階段をひと登り。駐車場から約40分で、最高峰の日出ヶ岳に登頂した。眺望抜群の展望台からは、西に大峰山系の全容を望み、東には熊野灘《くまのなだ》が遠望できた。快晴の日で条件が整えば、南・北アルプスや富士山までも望める大パノラマが楽しめるという。

鞍部に戻り、木製階段を昇って正木峠を越え、正木ヶ原へと下る。ここからはほぼ平坦の逍遥ルート。四辻の尾鷲辻《おわせつじ》を直進して牛石ヶ原の少し先で、左に大蛇嵓への分岐があるので立ち寄る。私は、無論よほど精進のよい人とは言えないから、雨にこそならなかったものの、濃霧が湧き上がってきた。そんな中、足がすくむスリリングな展望台から眺めた霧の中に見え隠れする大蛇嵓もなかなか迫力があったが、名瀑百選の中ノ滝も東ノ川峡谷の深い谷も、見ることはできなかった。再び周遊路に戻り、先を急ぐ。シオカラ谷への急下降は浮き石が多く足場がよくないが、折から満開のツクシシャクナゲが見事だった。花期は5月半ば〜6

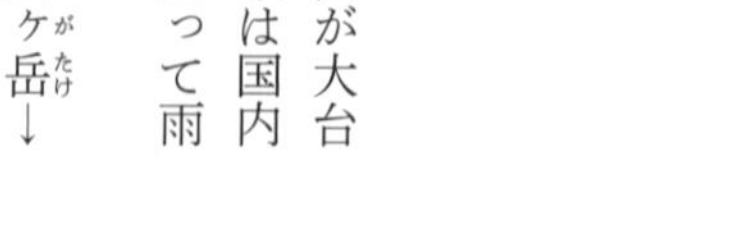

大蛇嵓の分岐付近。この先がシオカラ谷

日出ヶ岳の展望台から大峰山系方面の眺望。ここまでは軽装の観光客も足を延ばす

月初旬だ。秋は紅葉の名所のシオカラ谷を吊橋で渡り、急登を登り返して樹林帯の平坦路になると、ゴールの大駐車場は近い。（日本百名山、17年5月26日初訪、同行1名）

温泉成分が付着した湯船が印象的な奥吉野の秘湯

入之波温泉の施設は家族経営の湯元山鳩湯1軒のみ。風呂は淡黄褐色に変化する濃厚な成分の湯をかけ流す吉野杉造りの内湯と、外に大迫《おおさこ》ダム湖を見下ろす欅《けやき》造りの露天風呂がある。食事処で味わうカモやアマゴ料理も楽しみ。宿泊は2名からの受付で、休業日は日帰り入浴と同じ。なお、大台ヶ原からの帰りに立ち寄るには、路線バスで行くのは困難で、車が前提になる。

大台ヶ原　標高1695m（日出ヶ岳）

コースタイム→大台ヶ原登山口から一周コースで約3時間40分◆鉄道／近鉄吉野線大和上市駅からバス1時間51分大台ヶ原下車（平日1便・土日祝2便）、車／南阪奈道路葛城ICから約2時間15分

難易度 ★☆☆

入之波温泉

湯元山鳩湯☎0746-54-0262、日帰り入浴900円（10:00～17:00、水曜休、11～3月は火・水曜休）◆泉質＝ナトリウム・カルシウム－塩化物・炭酸水素塩泉◆源泉温度=39.6度◆大台ヶ原から車で約50分

入之波温泉・湯元山鳩湯の露天風呂

玉置《たまき》山《やま》と十津川《とつかわ》温泉

熊野三山奥の宮が鎮座する大峯奥駈道《おおみねおくがけみち》の聖地

玉置山は、「大峯奥駈道」の起終点に当たる大峰山系南端の山。直下には老杉《ろうさん》に囲まれて、熊野三山奥の宮である玉置神社が鎮座する。駐車場から玉置山山頂まで約25分、玉置神社に参拝してから駐車場に戻るだけなら1時間強だが、それでは短いので、山頂から宝冠の森往復を加えてみた。奈良県南端の十津川《とつかわ》村にあるので、公共交通で日帰りするのは困難。車で訪ねるのが条件になる。できれば、山麓の十津川温泉郷に1泊するプランを推奨しておきたい。

稲村ヶ岳登山の翌日、山口君も同行して十津川温泉から約25分の玉置山駐車場に到着。駐車場のすぐ上にある登山道入口を9時10分にスタートした。緩やかな尾根道で、ブナをはじめとする広葉樹の道を約25分で玉置山の山頂に着いた。北側の視界が開け、大峰山系や三重県側の重畳《ちょうじょう》する山並みが眺望できた。熊野灘が見えると記すガイド文も散見するが、それは確認できなかった。

山頂から宝冠の森方面へ下ると、まもなく玉置神社と花折《はなおり》を結ぶ道との交差点。直進し、広葉樹の森の快適な尾根歩き30分で宝冠の森に下る分岐点に着いたが、ここからはクサリが設置された絶壁あり、岩場の急登ありで、往復約1時間30分。先端の断崖絶壁上では熊野灘が眺望できたが、そこは捨身行《しゃしんぎょう》の究極の行場《ぎょうば》だったとか。初級者や単独での探訪はおすすめできない。

聖地に鎮座する熊野三山奥の宮の玉置神社

十津川温泉にある公衆浴場「庵の湯」

玉置山の山頂は北側の視界が開け、大峰山系や三重県側の深山風景が一望できる

十字路まで戻って玉置神社に向かい、玉石社《たまいししゃ》、本殿に参拝し、神代杉《じんだいすぎ》や夫婦杉、大杉などの神木を拝観した。本殿から駐車場までは約20分、思いのほかきつい参詣道を歩くことになる。

（23年6月17日初訪、同行1名）

源泉かけ流し宣言の十津川温泉郷の中心

北から湯泉地《とうせんじ》、十津川、上湯《かみゆ》の3湯を十津川温泉郷と総称する。「源泉かけ流し宣言」をしたことで知られる奈良県下きっての名湯である。3温泉地とも公衆浴場があり、タクシー会社もある中心地の十津川温泉ではダム湖に臨む庵《いおり》の湯がおすすめだ。温泉は、十津川温泉2号・7号混合泉で、もちろん源泉かけ流し。1泊するなら、ともに家族経営で心温まるもてなしのゑびす荘と田花館を推奨しておく。

玉置山
標高1077m

コースタイム→玉置山駐車場→玉置山→宝冠の森往復→玉置神社→玉置山駐車場コースで約3時間◆鉄道／近鉄大阪線・近鉄橿原線大和八木駅からバス約4時間30分（1日3便）十津川温泉下車後タクシーで約25分、車／南阪奈道路葛城ICから五條経由国道168号で約2時間30分

難易度 ★☆☆

十津川温泉

公衆浴場庵の湯☎0746-64-1100、入浴料600円（8:30～20:00、火曜休）◆泉質＝ナトリウム一炭酸水素塩・塩化物温泉◆源泉温度=60.2度◆玉置山駐車場から車で約25分

金剛山《こんごうざん》と河内長野《かわちながの》温泉

名城跡から一途に登る階段の先に待つ絶景

大阪府と奈良県との境に南北に壁の如《ごと》く連なる金剛山地は、西南は紀見《きみ》峠、北は葛城山《かつらぎさん》から二上山《にじょうさん》付近まで含む山塊で、その盟主が山頂部は奈良県に属している金剛山である。もう数十年も前、千早赤阪村《ちはやあかさかむら》という響きと、歴史上名高い楠木《くすのき》正成《まさしげ》ゆかりの千早城跡に惹かれて訪ねた記憶があった。

近畿の山の取材は6月14～21日の8日間に6座登る計画を立てたが、14日は金剛山登山口で悪天候のため中止。15日は入之波《しおのは》温泉経由洞川温泉までの移動で終わり、結局後半に6連登の過密日程になった。金剛山へのリベンジは最終の21日。同行の山口君は少年時代に何度か登ったが、山の記憶はほとんどないという。

11時に千早城跡の石段下からスタート。一気に５００段超の急な石段はこたえる。30分かけて本丸跡に建つ楠木正成・正行父子を祭る千早神社に着いた。この鎮まり返った城跡が、鎌倉幕府数万の軍勢を１０００人程度で知略・策略を尽くして戦い抜き、撃退した舞台になったのかと想うと信じ難い。城跡を通り抜けた二合目で、ほとんどの人が選ぶ沢沿いの登山道と合流。この先は杉林の中の長い階段の道が続く。トイレのある五合目で一息入れ、黙々と階段を登る。八合目あたりから広葉樹に変わり、九合目で直登と迂回コースに分かれる。ブナが目立つ迂回コースを登り切り、社務所の前を左に進む。13時25分、山頂標示板がある展望地の国見城跡に着いた。大阪平野を一望し、富田林のPLタワーが眼下に望めた。

役小角《えんのおづぬ》創建と伝わる転法輪寺《てんぽうりんじ》、最高点に鎮座する葛木《かつらぎ》神社、さらに三角点がある湧出岳《ゆうしゅつだけ》を訪ねてから往路

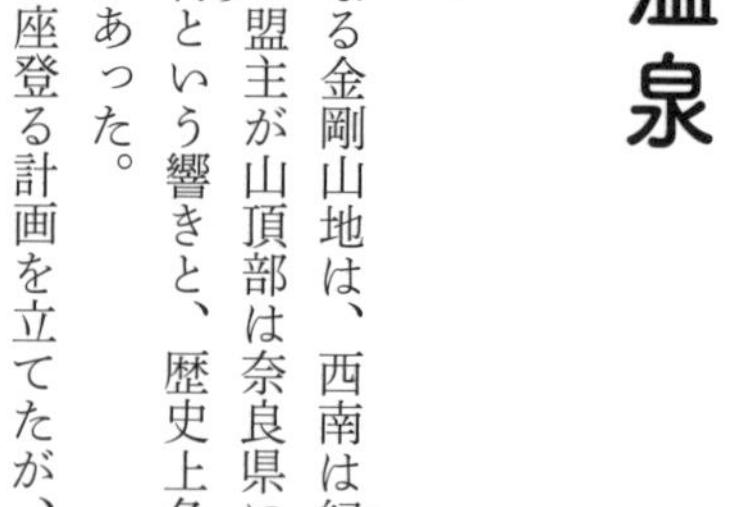

五合目はトイレとベンチがある休憩ポイント

山頂標示板が立つ国見城跡からの展望。快晴なら大阪市街、淡路島、六甲山まで望める

を引き返した。社務所前を14時55分に発ち、二合目からは沢沿いコース経由1時間10分で、千早城跡入口脇の駐車場に戻った。（日本二百名山、23年6月19日初訪、同行1名）

河内長野駅から徒歩圏内に湧く市街地温泉

河内長野温泉は、冷鉱泉だがれっきとした療養泉で、駅から徒歩15分の市街地に湧出する。施設は河内長野荘1軒のみで、日帰り入浴は温泉入浴＋レストラン利用券付き（食事837円分）「日帰り温泉パック」1945円（税込）で対応している。ラストオーダーが14時30分なので、昼までに金剛山から下山すれば、十分に間に合う。風呂はサウナ付き内湯と庭園風露天風呂がある。

金剛山　標高1125m

コースタイム→金剛山登山口から登り2時間・下り1時間30分◆金剛山登山口まで、鉄道／近鉄長野線・南海高野線河内長野駅からバス33分金剛登山口下車、車／阪和自動車道美原北ICから約50分

難易度 ★☆☆

河内長野温泉

河内長野荘☎0721-62-6666、日帰り温泉パック（入浴&食事）1945円（11:30～14:30LO）◆泉質=ナトリウム・マグネシウム−塩化物冷鉱泉◆源泉温度=10.9度◆河内長野駅東口から徒歩約15分

河内長野荘のサウナ付き内湯（男湯）

六《ろっ》甲《こう》山《さん》と有《あり》馬《ま》温泉

広々とした公園風で眺望も良い六甲山最高峰。疲労の色が濃いが、記念撮影は空元気？

六甲山 標高931m

コースタイム→芦屋川駅から六甲山最高峰まで3時間50分、六甲山最高峰から有馬温泉まで1時間40分◆芦屋川駅まで、鉄道／阪急電鉄神戸本線で梅田駅から急行で23分、車／有馬温泉に下山するので車での登山は不適当

難易度★★☆

有馬温泉

上大坊☎078-904-0531、日帰り入浴1000円（15:00～18:00）◆泉質＝含鉄ーナトリウム・塩化物強塩温泉◆源泉温度=99.4度◆下山口の有馬温泉街中心部

超新鮮な湯が堪能できる上大坊の内湯

芦屋川駅から六甲山を越えて日本三古湯へ

六甲山は、神戸市と芦屋市の北にそびえる東西56㎞に及ぶ連山である。あまりに市街地に近く、また観光開発されているがゆえに『温泉百名山』への収録は断念したが、こと本書のテーマとあれば外すわけにはいかない。それに、神戸市にはその名も六甲台に50年来の友人である口丸和雄・弘子夫妻の邸宅があり、今回もお世話になったので、なおさらである。

近畿遠征終盤の6月20日、今回同行3座目の山口君、純温泉サポーターの田村敏彦君、日本旅のペンクラブ理事の岸上小夜子さんと阪急芦屋川駅前に8時に集合。

駅からは住宅街を抜け、登山口の高座の滝手前まで車道歩き約30分。休憩ポイントの風吹岩《かざふきいわ》まで急登になる。六甲山は標高１０００ｍにも満たない低山だが、標高差は約９００ｍもある。急登の連続になるのも当然で、予想以上の険しさだ。風吹岩からは視界が開け、神戸の市街地を眼下に、大阪湾と大阪方面の眺望が広がる。蒸し暑く、頻繁に休憩を入れながら雨ヶ峠《あまがとうげ》に12時15分に到着し、ここでランチタイム。そこから先で、水量も多い沢を2度渡る山深さには驚いた。さらに七曲《ななまが》りと呼ばれる尾根の急登が続き、登り切るとドライブウェイ脇にある一軒茶屋に出た。車道を横切り、最高峰までの登り8分は息切れ寸前。公園風広場の最高峰到着はなんと15時。相当なスローペースだが、六甲山を甘くみていたことは否めない。

山口君と田村君はまだ若いので余裕があったが、登山が久しぶりの岸上さんは相当に脚が痛そう。有馬温泉に下る魚屋道《ととやみち》は大阪湾の魚類を有馬温泉へ運んだという古道で、山の斜面を何度も大きくカーブを描きながら、登山道にしては幅のある緩やかな道。なんとか最後まで歩き通したが、岸上さんに後で聞いた話では、ダメージが大きく、六甲の山頂からタクシーを呼ぼうかと本気で考えたそうである。

（日本三百名山、23年6月20日初訪、同行3名）

日本三古湯は海水の2倍の濃度の茶褐色の湯

有馬温泉は道後、白浜と並び日本三古湯に数えられる名湯だ。１４００年前の飛鳥時代から天皇の湯治滞在の記録があり、貴族、時の権力者、文人墨客の訪問はキラ星の如く。なかでも太閤秀吉の有馬温泉好きは有名だ。おすすめは、温泉街の目抜き通りに面した老舗宿の上大坊《かみおおぼう》。すぐ近くの天神泉源から引く温泉は新鮮にして超濃厚な茶褐色の湯。日帰り入浴を受け付けてくれるのも嬉しい。手軽なところでは温泉街の中心部にある市営公衆浴場金の湯の人気が高い。

風吹岩の手前から神戸市街と大阪湾を眺望

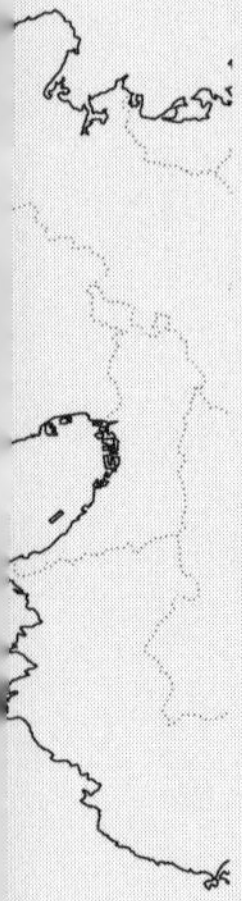

中国・四国・九州

86〜100

- 86 蒜山と蒜山ラドン温泉
- 87 道後山とひばごん郷温泉
- 88 大山と大山火の神岳温泉
- 89 船通山と斐乃上温泉
- 90 三瓶山と三瓶温泉
- 91 国見山と祖谷温泉
- 92 石鎚山と石鎚山温泉
- 93 大平山と明礬温泉
- 94 三俣山と星生温泉
- 95 大船山と法華院温泉
- 96 阿蘇山高岳と内牧温泉
- 97 市房山と湯山温泉
- 98 白鳥山と白鳥温泉
- 99 韓国岳と霧島温泉郷
- 100 栗野岳と霧島温泉

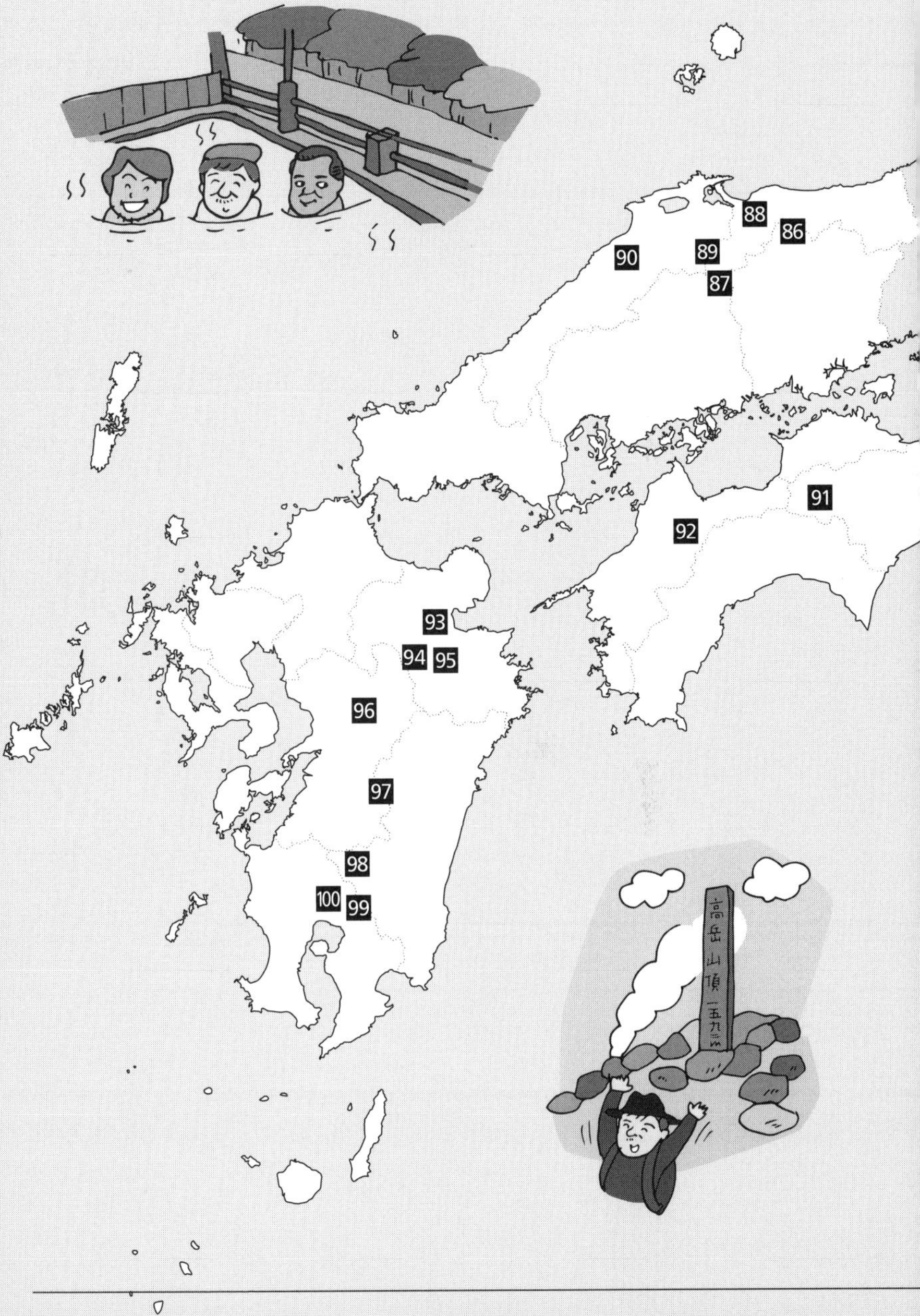

88
86
90
89
87
91
92
93
94
95
96
97
98
100
99
高岳山頂 一五九

山頂部にはブナ林がある最高峰の上蒜山

展望抜群の中蒜山。バックは上蒜山と大山

蒜《ひる》山《ぜん》と蒜山ラドン温泉

中《なか》蒜山登山口から中蒜山と上《かみ》蒜山への縦走コース

岡山・鳥取県境にまたがる蒜山は、たおやかな3つの峰を連ねる山容が特徴。山麓に広がる高原リゾートの蒜山高原は、蒜山三座の風景があってこそだ。

初訪は19年3月29日で、このときは残雪が多く、上蒜山を往復しただけだった。次は同年7月30日、県境の犬挟峠《いぬばさり》登山口から下蒜山→中蒜山→上蒜山の三山縦走を試みたが、あまりの暑さに消耗し、中蒜山から下山した。次は23年11月13日、御在所岳《ございしょだけ》に登った翌日に岡山に移動してレンタカーで蒜山高原に入ったが、なんと季節外れの降雪に遭遇。14日に登る予定を断念した。リベンジは24年4月7日。遠征先の九州から移動し、高見山で歓談した大阪市在住の梅木一行君と岡山駅で合流して休暇村蒜山高原に前泊した。

塩釜冷泉《しおがまれいせん》がある中蒜山登山口の出発は8時20分。相当な急坂だった記憶があるが、意外といいペースで登れた。五合目で一息入れ、中蒜山には11時前に到着。コースタイムより約1時間のオーバーだが、想定内だ。中蒜山は三山の中ではもっとも眺望に優れ、上蒜山や大山が一望できる。山頂では松江市から来訪した高橋光一夫妻と歓談し、モデルにもなってもらった。

中蒜山からはいったん鞍部まで下り、登り返す。三山の最高峰である上蒜山よりも眺望は中蒜山のほうが上だ。上蒜山からの下りはブナ林を抜けると蒜山

高原を俯瞰しながらの急下降。膝にこたえる下りだ。

なお、JR中国勝山駅7時09分発の真庭市コミュニティバス「まにわくん」に乗れれば、日帰り登山も可能と思われる。（日本二百名山、24年4月7日再訪、同行1名）

大きなガラス窓から蒜山三座を望む大浴場

蒜山ラドン温泉の施設は休暇村蒜山高原1軒のみ。自家源泉の湯は無色澄明の放射能泉で、大浴場からは前面の大きな窓ガラス越しに蒜山高原や蒜山三座を一望でき、高原リゾートムード満点の贅沢な入浴が楽しめる。宿泊すれば、翌日に登山口まで送迎してくれる「山登り応援宿泊プラン」の企画が登山客に好評だ。

蒜山三座を望む休暇村蒜山高原の大浴場

蒜山 標高1202m（上蒜山）

コースタイム→中蒜山登山口→中蒜山→上蒜山→上蒜山下山口まで約5時間◆中蒜山登山口まで、鉄道／JR姫新線中国勝山駅からバス約1時間20分の蒜山振興局下車徒歩約40分◆車／米子自動車道蒜山ICから約30分

難易度★★☆

蒜山ラドン温泉

休暇村蒜山高原☎0867-66-2501、日帰り入浴500円（11:30～15:00、原則水曜休）◆泉質＝単純弱放射能温泉◆源泉温度＝25.5度◆上蒜山登山口から徒歩約40分

鞍部からの登り返しがきつい上蒜山。振り返ると中蒜山と下蒜山、蒜山高原も一望だ

道後山《どうごやま》とひばごん郷《きょう》温泉

中国山地の大パノラマを楽しむ初級者向きの山

道後山は広島・鳥取の県境に位置し、比婆道後帝釈《ひばどうごたいしゃく》国定公園の一角を占める。中腹には広島県のスキー発祥の地とされる道後山高原スキー場があるので、先日の雪がこの山にも降ったであろうことは想像できた。ただし、まだ根雪《ねゆき》になる季節ではないので、11月15日に奥出雲町から県境を越えて広島県に入った。

国道183号の下市場《しもいちば》で東に道後山、西にすずらんの湯の案内看板が出る。ここから道後山高原スキー場経由約15分で、キャンプ場のある登山口の月見ヶ丘駐車場に着いた。正面に仰ぎ見る岩樋山《いわひやま》に雪は見えなかったが、北側の斜面の積雪状況はわからない。

10時50分に駐車場を出発。しばらくは平坦な道で、20分ほどで東屋がある休憩所。その先に岩樋山へ直登する道と山腹を迂回して道後山に向かう道との分岐点があり、まず岩樋山を目指す。駐車場から50分で山頂に到着。正面に穏やかな山容の道後山を望み、左奥には大山、右には中国山地の山々の大パノラマが望める好展望地で、標高は道後山と同じ1271m。ここからの展望を楽しんで下山しても満足できそうな印象だ。

岩樋山から道後山にかけての稜線は放牧地だった草原なので、快適な尾根歩きだ。道後山から鞍部に下って、迂回ルートと合流。登山道は雪が解けて、ぬかるんだ場所もかなりあった。10分先で大池方面への道を右に分け、岩樋山から40分で三角点標石と山頂標柱が立つ道後山に着いた。標高1269mとあるから、最高点はここではないようだ。道後山からも大山をはじめ、比婆山、船通山《せんつうざん》、三瓶山《さんべさん》など、中国地方の名山が一望できる。山頂では単独行の初老の登山者に会っただけで、静かな晩秋の道後山が堪能できた。

展望抜群の岩樋山の山頂。前方の山は道後山

三角点標石と山頂を示す標柱が立つだけの道後山。東北に冠雪している大山も望めた

道後山は花の多い山で、駐車場から休憩込みで往復4時間程度と手軽。快適な尾根歩きと大展望が楽しめるのが魅力で、初級者や年配者、ファミリー登山には最適の山と言えよう。（日本三百名山、23年11月15日初訪、単独行）

道後山高原クロカンパーク内にある癒やしの湯

陸上競技場や体育館、クロスカントリーコース、宿泊施設などが整備された道後山高原クロカンパークの入口付近にあるのが、ひばごん郷温泉の日帰り温泉施設すずらんの湯。加温かけ流しの風呂は気泡浴やジェット噴流浴が楽しめる造りで、サウナと水風呂も完備。食堂や休憩室も備え、終業時間が遅めなのも便利だ。

道後山 標高1271m

コースタイム→月見ヶ丘駐車場から岩樋山経由で登り1時間20分・大池と岩樋山迂回ルート経由で下り1時間10分◆月見ヶ丘駐車場まで、鉄道／JR芸備線小奴可駅からタクシー約30分、車／中国自動車道東城ICから約50分

難易度★☆☆

ひばごん郷温泉

すずらんの湯☎0824-84-7070、入浴料620円（水曜は360円、10:30～21:00・12～2月は12:00～21:00、火曜休）◆泉質＝単純弱放射能冷鉱泉◆源泉温度＝14.7度◆月見ヶ丘駐車場から車で約15分

すずらんの湯の加温かけ流しの湯船

木道の頂点が現在の大山頂上である弥山

大山環状道路の鍵掛峠から望む大山北壁

大山《だいせん》と大山《だいせん》火《ひ》の神岳《かみだけ》温泉

中国地方で唯一選定された「日本百名山」

大山は、古来から「大神岳《おおかみのたけ》」と呼ばれて崇拝された霊峰である。大山隠岐《おき》国立公園の最高峰であり、伯耆《ほうき》富士とも称される中国地方随一の名山だ。

大山には19年7月に登っただけなので、23年11月に再訪を試みたが、季節外れの降雪で純白の大山を麓《ふもと》から拝《はい》すしかなかった。24年4月にも蒜山登山の翌日に向かったが、天候は小雨混じりで、温泉の再取材だけに終わった。

大山に登ったのは、19年7月の鳥取県プレスツアーの際、志願した記者仲間3名と夏山登山道を登った。ブナの林を抜け、休憩ポイントの六合目避難小屋まで約1時間半、さらに山頂まで約1時間が標準タイムだ。六合目から八合目までがもっともきつい急登だが、そこから上はダイセンキャラボクの純林が広がる頂上台地。登山道は山頂まで「天国への階段」と呼ばれる木道が続き、その先端部がガスの中に消える光景が印象的だった。

九合目を過ぎ、頂上避難小屋からひと登りで、「大山頂上1710・6M」のプレートが設置された弥山《みせん》の頂上。大山は脆《もろ》い岩質のため崩落が進み、最高点の標高1729mの剣ヶ峰への稜線は立入禁止。現在は弥山を大山山頂としている。ガスは晴れなかったが、剣ヶ峰に続く険しい岩稜の一部が望めた。中腹から上はガスに包まれていたが、大山の魅力は体感することができた。

復路は五合目上の行者谷《ぎょうじゃだに》分《わ》かれで元谷《もとだに》方面へ。元谷で北壁を見上げ、大神山《おおがみやま》神社と大山寺に参詣し、長い石畳の参道を歩き、温泉でひと風呂浴びて登山口へと戻った。

（日本百名山、19年7月30日登頂、同行3名）

大山寺の参道に面した日帰り温泉施設

黒塗りの外観の豪円《ごうえん》湯院《ゆいん》という日帰り温泉施設が1軒あり、参道を挟んで足湯も設置している。風呂が秀逸で、神棚を祀った暗い照明の内湯は、いかにも霊山の麓にある温泉らしい神秘的な雰囲気が漂う。庭園風の露天風呂もいい感じだ。売店や食事処を併設し、名物大山豆腐も味わえる。火の神岳とは大山の別名。

大山の一部も望める豪円湯院の露天風呂

大山　標高1709m（弥山）

コースタイム→夏山登山道入口から弥山まで登り2時間30分・弥山から元谷経由で下り2時間10分◆夏山登山道入口まで、鉄道／JR山陰本線米子駅からバス約50分大山寺下車徒歩約5分、車／米子自動車道米子ICから約20分

難易度 ★★☆

大山火の神岳温泉

豪円湯院☎0859-48-6801、入浴料790円（平日11:00～18:00、土日祝11:00～20:00、祝日を除く水曜休）◆泉質＝単純温泉◆源泉温度=28.0度◆大山寺参道沿い

八合目から上は緩やかな勾配の山頂台地。「天国への階段」と呼ばれる木道が山頂へと導く

船通山《せんつうざん》と斐《ひ》乃《の》上《かみ》温泉

斐《ひ》伊《い》川《かわ》源流部のカタクリ咲く神話と伝説の山

船通山は、神話の里のシンボルとでもいうべき、奥出雲の「ふるさとの山」と言えるだろう。古代文学・伝承文学研究者の三浦佑之氏によると、『古事記』には鳥髪《とりかみ》の地、『日本書紀』には鳥上《とりかみ》の峰、『出雲風土記』には鳥上山と記されるのが船通山、というのが通説とのこと。つまり、高天原《たかまがはら》を追放されたスサノヲが降臨し、ヤマタノオロチ退治伝説の舞台になったのが船通山というわけだ。

降雪により蒜山と大山の登山を諦め、標高も低く南寄りなのでそれほど雪は降っていないだろうとの期待を抱いて、23年11月14日に船通山に向かった。奥出雲町にある斐乃上温泉が登山拠点で、ここから鳥上滝コースと亀石コースが分かれる。登山口まで徒歩約30分だが、登山口の駐車場までは車も入れる。斐乃上温泉から2コースを周遊する人もいるが、車道を歩く時間が長いのが難ではある。

鳥上滝コース登山口の出発は10時40分。沢沿いの石畳道を歩き、35分で鳥上滝に着いた。約16mの小さな滝だが、ここの滝壺にヤマタノオロチが棲んでいたと伝わる、斐伊川源流の伝説の滝である。ベンチがあるので一息入れた。崖沿いの階段を昇り、沢と離れるあたりから雪道になった。登り着いた尾根筋からはブナが美しいほぼ平坦の道になり、左から亀石コースが合流した先の急登の上が山頂だった。足首までの雪道だったこともあり、鳥上滝から1時間かかった。一面の雪原と化した山頂には、「天叢雲《あめのむらくもの》 劔《つるぎ》 出顕《しゅっけん》之地《のち》」と記された刀剣形の記念碑、鳥居と鳥上宮の小社、山頂標示柱、休憩舎などがあり、道後山や比婆山、大山や三瓶山まで眺望できた。快晴の日には、島根半島や隠岐島まで見えることもあるそうである。

ヤマタノオロチ伝説が語られる鳥上滝

神話の山・船通山。山頂には三種の神器の天叢雲剣の出顕の地を示す記念碑が立つ

写真再撮を兼ねて、24年4月の蒜山リベンジの際に再訪した。4月下旬～5月上旬、山頂や登山道脇を可憐に彩るカタクリの花を保護するため、テープを張るなどの整備が進められていた。（24年4月11日再訪、単独行）

「美肌の湯」が評判の船通山麓の秘湯

奥出雲の「美肌の湯」として評判なのが斐乃上温泉。施設は民宿たなべと、現在は宿泊を止めて日帰り入浴と割子蕎麦を提供する斐乃上荘の2軒のみ。私は民宿たなべに2泊したが、加温かけ流しの内湯と露天風呂が秀逸で、手作り料理のクオリティも申し分ない。庭には山上よりも半月早く、カタクリの花が咲いていた。

船通山　標高1142m

コースタイム→鳥上滝コース登山口から1時間30分・下り1時間◆鳥上滝コース登山口まで、鉄道／JR木次線出雲横田駅からバス25分斐乃上温泉下車徒歩約30分、車／中国自動車道新見ICまたは米子自動車道蒜山ICから約1時間

難易度 ★☆☆

斐乃上温泉

民宿たなべ☎0854-52-0930、日帰り入浴800円（10:30～17:00、水・木曜休）◆泉質＝アルカリ性単純温泉◆源泉温度＝26.4度◆登山口から徒歩約30分

民宿たなべの趣ある庭園風の露天風呂

三瓶山《さんべさん》と三瓶《さんべ》温泉

姫逃池《ひめのがいけ》登山口から男三瓶《おさんべ》と女三瓶《めさんべ》に登る周遊コース

三瓶山は標高1126mの男三瓶を最高峰に、女三瓶、子三瓶、孫三瓶などの溶岩円頂丘6峰がカルデラを囲んで峰を連ねる活火山である。これらの峰を一周する縦走路があるが、『温泉百名山』の取材時は男三瓶と女三瓶を結ぶ道が通行止めだったので、男三瓶から子三瓶を経て三瓶温泉に下るコースを採った。しかし、やはり男三瓶と女三瓶を繋ぐルートが王道であろう。

蒜山から大山山麓、船通山（悪天候のため後回し）と回り、三瓶山の姫逃池登山口をスタートしたのは23年11月16日10時25分。カラマツ林を進み、25分で東屋のある休憩ポイント着。ブナが目立ってくると急登になるが、男三瓶には11時50分に登頂した。ところが、男三瓶と女三瓶を繋ぐ縦走路には崩落箇所があり危険、との看板がある。思案の末、名号《みょうごう》コースを下り、途中の分岐から女三瓶に登り返して東の原へリフトで下るコースを選択したが、後日になって、その男三瓶と女三瓶を繋ぐルートを問題なく歩く登山者が多いことがわかった。

そこで、24年4月10日に再訪し、男三瓶から縦走路で女三瓶に登り、下山は名号コース経由で姫逃池登山口に周遊するルートに変更した。これが車でのベストプランのように思う。路線バスで姫逃池登山口から入山した場合、帰りのバスの最終14時51分（24年度）に間に合わない恐れがあるので、女三瓶から

国民宿舎さんべ荘の源泉かけ流しの釜風呂

標高1126mの男三瓶は三瓶山の最高峰

女三瓶の登りから縦走路と男三瓶を望む。左側には三瓶山の大カルデラと子三瓶

室内池《むろのうちいけ》、風越経由三瓶温泉に下山するコース（約2時間）を推奨したい。三瓶温泉からの最終バスは16時17分（平日は17時52分）なので、下山口のバス停前にある国民宿舎さんべ荘でひと風呂浴びて帰ることも十分に可能だ。

（日本二百名山、24年4月10日再訪、単独行）

豊富な湧出量を誇る西日本屈指の名湯

三瓶温泉は毎分3000リットル超の自噴泉で、時間の経過とともに赤褐色に変わるにごり湯の名湯だ。この温泉の魅力を多彩な風呂で堪能できるのが国民宿舎さんべ荘。ぬるめの源泉かけ流し浴槽もある16種類の露天風呂が自慢で、日帰り入浴客も多い。このほか、2ヶ所の共同浴場や蕎麦カフェ&日帰り温泉施設として復活した旧湯元旅館でも手軽に名湯が楽しめる。

三瓶山

標高1126m（男三瓶）

コースタイム→姫逃池登山口から男三瓶まで2時間・男三瓶から女三瓶経由姫逃池登山口まで2時間10分（女三瓶から室内池、風越経由三瓶温泉まで2時間）◆姫逃池登山口まで、鉄道／JR山陰本線大田市駅からバス57分三瓶自然館前下車すぐ、車／松江自動車道吉田掛合ICから約50分

難易度 ★★☆

三瓶温泉

国民宿舎さんべ荘☎0854-83-2011、日帰り入浴650円（10:30～21:00、不定休）◆泉質＝含鉄（Ⅱ・Ⅲ）－ナトリウム・塩化物温泉◆源泉温度=34.8度◆姫逃池登山口から車で約15分

国見山《くにみざん》と祖谷《いや》温泉

ブナ林の尾根歩きと四国の深山風景の展望台

23年5月、温泉達人会同志の寺田聡君と純温泉協会代表の山口君と3人で四国随一の名湯、祖谷温泉に行くことになった。そこで、祖谷温泉の近くでよさそうな山はないかと調べて見つけたのが国見山だった。全国には同名の山が多数存在しているが、徳島県の国見山は未知だった。ちょっと登山時間が短い気がするが、登山口までのアプローチを考えると、この山に登って祖谷温泉でひと風呂浴びて帰る日帰りプランとして推奨できるかもと思い、訪ねてみることにした。

登山口は、大歩危《おおぼけ》と祖谷渓《いやだに》を結ぶ祖谷トンネル上部の集落のはるか上にあり、後山登山口と上の登山口の2ヶ所。軟弱パーティなので、当然のように上の登山口まで入った。そこからだと、ゆっくり登っても1時間10分ほどで山頂に立てるし、下山も1時間程度で駐車場に戻れる計算だ。

寺田、山口両君は温泉ならどこにでも行くが、登山はほとんどしない。それでもこの日は私のバースディ登山ということなので、仕方なく付き合うことにしたようである。

途中で杉林の中の急登もあるが、きつかったのはここだけ。尾根筋まで登ると緩やかな勾配の道が続き、周囲は見事なブナ林になった。新緑が美しく、両君とも感嘆の声しきりである。国見神社の石祠と休憩小屋が建つ地点を過ぎると、その先で山頂へ向けて折り返し、まもなく山頂に着いた。そこだけが展望地になっていて、剣山《つるぎさん》や三嶺《みうね》、遠くは石鎚山系など、四国の深い山並みを見渡すことができた。車の利用が条件になるが、大歩危駅からタクシーを使えば、帰りに祖谷温泉に立ち寄る日帰りプランも可能である。

山頂手前のブナに覆われた快適な尾根道

ここだけ開けた国見山の山頂。剣山と向かい合い、石鎚山系をはじめ四国の山々を一望

その夜は祖谷温泉の極上の湯に浸かり、誕生日の祝宴を張ってもらった。（23年5月28日初訪、同行2名）

祖谷渓の四季が彩る源泉かけ流しの名湯

祖谷温泉のホテル祖谷温泉は、祖谷渓の断崖上に建つ一軒宿で、6階建ての建物は秘境のリゾートホテルの趣だ。名物は専用のケーブルカーで高低差約170mの谷底まで行って浸かる極上の露天風呂。温泉は毎分500リットル湧出の掘削自噴泉で、男女交替制2・貸切1（別料金）の計3ヶ所の露天風呂は源泉かけ流し。四季折々の渓谷美を眺めながらの入浴は天下一品だ。館内にも男女別の展望大浴場や温泉風呂付き客室などを備える。

国見山　標高1409m

コースタイム→国見山登山口から登り1時間10分・下り1時間◆国見山登山口まで、鉄道／JR土讃線大歩危駅からタクシー約30分（予約が賢明）、車／徳島自動車道井川池田ICから約1時間

難易度 ★☆☆

祖谷温泉

ホテル祖谷温泉☎0883-75-2311、日帰り入浴1900円（7:30～17:00・16:00受付終了）◆泉質＝アルカリ性単純硫黄温泉◆源泉温度=38.2度◆国見山登山口から車で約30分

祖谷温泉・谷底にある極上の露天風呂

石鎚山《いしづちさん》と石鎚山《いしづちやま》温泉

山岳信仰の聖地として崇敬厚い西日本の最高峰

修験道の祖・役小角《えんのおづぬ》開山と伝わる石鎚山は、日本を代表する山岳宗教の聖地として崇敬を集める霊山。今でも7月初旬の山開きには全国から白装束に身を固めた信者の登拝が山を埋め尽くし、独特の光景が展開される。また、西日本の最高峰であり、「日本百名山」にも選定されている名峰である。

石鎚山には「日本百名山」完登の一環で、数座同行した大江順子さん、故・谷野和子さんと17年6月8日に登った。当時私は70歳で、お二人は私より年長のアスリート。信じ難い話だが、3人の合計年齢220歳の超高齢トリオだった。再訪するつもりでいたが、残念ながら叶わなかった。

剣山から移動して山麓の京屋旅館に前泊。石鎚登山ロープウェイの山頂成就駅を出発したのは8時50分。石鎚神社成就社にちょうどいい足慣らしの20分後に着き、登山の安全を祈願してから登山口の入山門を潜った。

石鎚山には名物のクサリ場が4ヶ所あるが、ここはすべて迂回路を歩くと決めていた。最初のクサリ場である「試し鎖」を過ぎると、やがて前方に石鎚山と一ノ鎖が設置された岩壁を望む夜明峠《よあけとうげ》。全行程の7割といった地点である。急峻な崖をよじ登る二ノ鎖、三ノ鎖を見上げながら、迂回路の木道を登り、石鎚神社奥宮頂上社が鎮座する弥山《みせん》に到達したのは12時50分だった。正面には弥

石鎚山温泉・京屋旅館の炭酸泉の風呂

夜明峠付近から望むクサリ場が続く石鎚山

石鎚神社奥宮頂上社が鎮座する弥山から望む最高峰の天狗岳。片道約20分で岩峰に立てる

山より10m高い最高峰の天狗岳が尖峰を天に突き上げている。登山者の多くは弥山までの様子だったが、ここまで来たら最高峰にも立ってみたいと意を決して、40分かけて往復した。途中は手がかりの樹木があるが、露岩の天狗岳山頂は足がすくむスリル満点の絶景展望台だった。（日本百名山、17年6月8日初訪、同行2名）

聖地に湧出する温泉は日本有数の炭酸泉

石鎚山温泉は、石鎚登山ロープウェイの山麓下谷《しもだに》駅前にある一軒宿の温泉で、石鎚山登山の拠点として親しまれている。温泉はトップクラスの二酸化炭素含有泉で、気泡湯の風呂は疲れた体に対してのマッサージ効果も期待できる。日帰り入浴に訪れる人や、下山後に汗を流したい登山者にとっては貴重な存在だ。

石鎚山

標高1982m（天狗岳）

コースタイム→山頂成就駅から登り3時間・下り2時間◆山頂成就駅まで、鉄道／JR予讃線伊予西条駅からバス54分ロープウェイ前下車、山麓下谷駅から石鎚登山ロープウェイ8分、車／松山自動車道いよ西条ICから約50分で山麓下谷駅前

難易度 ★★☆

石鎚山温泉

京屋旅館☎0897-59-0335、日帰り入浴500円（10:00～19:00）◆泉質＝含二酸化炭素・鉄（Ⅱ・Ⅲ）ーナトリウム・カルシウムー塩化物・炭酸水素塩冷鉱泉◆源泉温度=14.9度◆ロープウエイ山麓下谷駅前

大平山《おおひらやま》と明礬《みょうばん》温泉

別府市街のどこからでも見える大平山の愛称は扇山。別府市民の「ふるさとの山」だ

大平山（扇山）　標高810m

コースタイム→ゴルフ場入口バス停から大平山まで登り1時間30分・大平山から明礬温泉まで1時間30分◆ゴルフ場入口バス停まで、鉄道／JR日豊本線別府駅西口からバス21分、車／明礬温泉に下山するのでマイカーは不適当

難易度★☆☆

明礬温泉

豊前屋旅館☎0977-66-0537、日帰り入浴500円（11:00〜16:00、不定休につき事前に要確認）◆泉質＝単純硫黄温泉◆源泉温度=63.5度◆下山口（バス停まで2分）

豊前屋旅館の風呂は自家源泉かけ流し

別府市街と別府湾一望の火まつりの山

本書の取材は23年4月9日、「べっぷ鶴見岳一気登山大会」参加からスタートした。早々に参加を申し込んだが、実は2日前にコロナ感染の自宅療養が解けたばかりで、コンディションは最悪。体力の衰えは明白で、制限時間15分前にやっとの思いで鶴見岳に登頂という体たらくだった。もっとも、海浜からスタートし、海抜1375mの鶴見岳に一気に登るのだから簡単ではない。検討の結果、このコースは本書のテーマ向きではないと判断し、その代案としたのが別府市民に「扇山《おうぎやま》」と愛称される大平山である。別府市街背後の草原状の山で、例年

4月初旬の「別府八湯温泉まつり」の際には、夜空を焦がして枯草を焼く「扇山火まつり」が開催される。

別府では「別府八湯温泉道」というスタンプラリーが人気で、約150軒の加盟施設のうちの88軒に入湯してスタンプを集めると名人に認定され、名人資格者が任意で集う名人会という組織もある。ここに多くの湯友がいて、今回の九州遠征に都合のつくメンバーが参加してくれることになった。

別府駅西口に朝9時、参加者（板倉あつし、岡原みづき、工藤宏太、杉本哲人、村上久美子と私）が集合してバスで登山口の入口へと移動。別府扇山ゴルフ倶楽部の看板を目印に、前方に大平山を目指して車道を歩き、桜の園内を抜けた先で防火帯を行く登山道に入る。健脚なら山頂まで1時間程度の登りだが、一気の急登は脚にこたえる。上方の鶴見岳、振り返れば別府市街と別府湾、高崎山方面の絶景だけが救いだ。

メンバーの体力差は歴然で、各自マイペースで気ままに登る。頻繁に休憩を入れたので、登頂に2時間を要した。山頂では1時間超の大休止。ランチ後に山頂裏側の急下降の道を下山して車道に出れば、あとは明礬温泉目指して長いロードを歩くだけだ。途中、へびん湯と鶴の湯という無人の無料露天風呂もあるが、土曜日とあって混み合っていたので今回はパス。一路、明礬温泉に向かった。

（24年3月30日初訪、同行5名）

別府八湯ではもっとも個性的な温泉場

明礬温泉は別府八湯の中では最高所に位置する硫黄泉の温泉場で、昔ながらの明礬を採取する茅葺き小屋が独特の雰囲気を醸《かも》している。別府八湯温泉道加盟の日帰り温泉施設も多数あり、どこを選ぶか迷うほど。私のおすすめは、下山口にもっとも近い場所にある豊前屋《ぶぜんや》旅館の立ち寄り湯。自家源泉の白濁した極上の硫黄泉を、混み合うことなく堪能できるのが一番の魅力である。

別府市街と別府湾の絶景を眺めて頻繁に休憩

三俣山《みまたやま》と星生《ほっしょう》温泉

飯田《はんだ》高原から一番目立つ九重連山の秀峰

やまなみハイウェイは、別府と長崎を結ぶ九州横断国際観光ルート随一のハイライトで、由布院から阿蘇へ至る九州屈指のドライブルートだ。その中ほどにあるのが、九重山麓の中心である飯田高原の長者原《ちょうじゃばる》。九重山への主要な登山基地で、3つのピークが際立つ三俣山が目前に望める。

九重連山は17年3月、「日本百名山」完登の一環で、牧ノ戸峠から久住山《くじゅうさん》、中岳を経て法華院《ほっけいん》温泉に下るコースを歩いたが、飯田高原から仰ぎ見る三俣山は未踏だった。初めて登ったのは『温泉百名山』の選定登山で訪れた19年5月22日のこと。このときは雲仙《うんぜん》温泉からの夜間走行で、やまなみハイウェイからの最短登山口である通称大曲がりの駐車場に7時前に着いた。このコースだと長者原から登るよりも往復約1時間半の時間短縮になるが、駐車スペースが狭いので、早朝に着いて駐車場を確保することが必須条件。満車の場合は長者原まで戻って登るしかない。

駐車場から三俣山への登山道の分岐点すがもり越《ごえ》まで1時間弱。さらに西峰まで30分、本峰まで50分が目安だ。さらに本峰から南峰をめぐる周遊コースを歩くと30分ほどの追加が必要になる。

すがもり越から西峰にかけては急登で、登るほどに眼下に北千里ヶ浜、その彼方に主稜の久住山から中岳にかけての九重連山の主稜群を眺望。西峰には8時45分着。いったん鞍部まで下り、登り返して赤土の広場状の三俣山本峰には9時20分に着いた。この日は昼過ぎにははげの湯温泉に移動して涌蓋山《わいたざん》にも登る計画だったので、そうのんびりとはしていられない。本峰からは険しい北峰の往復は諦めて南峰を周遊するコース

西峰から三俣山本峰に向かう笹原の登山道

西峰の登りから九重連山主稜群の眺望。中央が九重連山の盟主といわれる久住山

を歩き、往路に合流してそのまま下山した。

なお、長者原や星生温泉から望む三俣山は、右から西峰・本峰・北峰の3峰で、南峰は本峰に隠れてしまって姿を見せてくれない。

（19年5月22日初訪、単独行）

三俣山を正面に仰ぎ見る露天風呂が最高

長者原から徒歩約10分の星生温泉にはリゾートホテルが1軒あるだけだが、敷地内に日帰り客対応の山恵《さんけい》の湯があり、多彩な湯船が揃う露天風呂ゾーンが秀逸。露天風呂に浸かりながら、登ってきた三俣山を正面に仰ぎ見る瞬間はまさに至福のひとときだ。冷鉱泉の湯船もあるので、クールダウンしながらの交互浴も楽しめる。

三俣山　標高1744m（本峰）

コースタイム→くじゅう登山口（長者原）から本峰まで登り2時間50分・下り2時間10分◆くじゅう登山口まで、鉄道／JR久大本線豊後中村駅からバス49分、車／大分自動車道九重ICから約45分

難易度 ★★☆

星生温泉

山恵の湯☎0973-79-3111、入浴料1000円（10:00～19:30、火・金曜は14:30～19:30、原則無休・要確認）◆泉質＝酸性・含鉄－硫酸塩・塩化物温泉ほか◆源泉温度＝47.9度ほか◆長者原から徒歩約10分

三俣山を望む「山恵の湯」の露天風呂

大船山《たいせんざん》と法華院《ほっけいん》温泉

ミヤマキリシマ咲く大船山と平治岳《ひじだけ》に登る

24年5月の武尊山を完結の山としていたが、6月になってから急遽追加したのが九重連山の大船山と平治岳。ともにミヤマキリシマの名所である。

1978（昭和53）年の芹洋子のヒット曲に『坊がつる讃歌』という歌がある。これを聴いたとき、明らかに同じと思われる曲が頭に浮かんだ。学生時代に愛唱した『山恋』で、タイトルも歌詞も違うが、同じメロディだった。元歌の歌詞とは思えないが、『坊がつる讃歌』のミヤマキリシマが大船の峰に咲き誇っている描写の歌詞が記憶に残っていた。その大船の峰が今回訪ねた九重連山の日本三百名山、大船山である。

6月3日の大船山には、23年4月の「べっぷ鶴見岳一気登山大会」に別府八湯温泉道名人会の杉本君と息子凜歩《りあ》君とともに同行してくれた村上さんと、純温泉協会の山口君との3人で登った。北大船山からミヤマキリシマの花越しに望む大船山も印象に残ったが、そのときに眺望した隣接する平治岳山頂部のくれないに染まる風景に魅せられた。幸いにも好天が予想されるこの機会に、どうしても登っておきたくなった。

（日本三百名山、24年6月3日初訪、同行2名）

1日挟んだ6月5日、平治岳には大船山に続いての村上さん、3月の大平山以来の岡原さんが同行してくれた。2人とも名人会会員で、村上さんはスタン

花見を兼ねた登山客で大にぎわいの平治岳

法華院温泉山荘の源泉かけ流しの内湯

ミヤマキリシマ咲く北大船山から大船山の眺望。坊がつる、三俣山も一望の展望台だ

プ帳11冊完了の名誉名人、岡原さんは名人会のアイドル的存在の若手である。1日おいての連登はさすがにきつかったが、それ以上にミヤマキリシマに彩られた平治岳の美しさはこの世のものとは思えないくらい美しく、まさに天上の楽園を想わせた。2人も感動してくれたようだった。

（24年6月5日初訪、同行2名）

九州唯一の歩いて行く九重山中の秘湯

法華院温泉は、坊がつるキャンプ場から徒歩約15分、標高1303mの九州最高所に湧く。宿は大規模な山荘1軒。長者原から雨《あま》ヶ《が》池越《いけごえ》で約2時間半、九州唯一の歩かなければ行けない秘湯だ。風呂は源泉かけ流しの男女別内湯があり、日帰り入浴も19時30分までの営業で、登山者や坊がつるのキャンパーの利用も多い。

大船山
標高1786m

コースタイム→くじゅう登山口（長者原）から2時間30分の坊がつるから大船山まで2時間（戻り4時間）、平治岳まで1時間30分（戻り3時間30分）◆くじゅう登山口まで、鉄道／JR久大本線豊後中村駅からバス約50分、車／大分自動車道九重ICから約45分

難易度 ★★★

法華院温泉

法華院温泉山荘☎090-4980-2810、日帰り入浴500円（11:00 ～ 19:30）◆泉質＝カルシウム・マグネシウム・ナトリウム－硫酸塩温泉◆源泉温度=43.5度◆坊がつるキャンプ場から徒歩約15分

中岳から火口を眺望しながら火口東展望所へ

険しい岩場の急登が続く仙酔峡尾根の中間点

阿蘇《あそ》山《さん》高岳《たかだけ》と内牧《うちのまき》温泉

阿蘇山の最高峰は巨大なカルデラ内の中央火口丘

阿蘇山最高峰の高岳から中岳にかけてのコースを登るのは懸案だった。というのも、「日本百名山」完登を目指した17年、このコースは災害のため立入制限中で登れず、阿蘇山は観光ルートから火口を覗いただけだったからだ。

内牧温泉に前泊し、勇躍、仙酔峡《せんすいきょう》登山口に向かったのは4月11日。9日に鶴見岳一気登山、10日に阿蘇五岳の根子岳《ねこだけ》に登って疲れてはいたが、いよいよ高岳に登れると思うと気分は高揚していた。仙酔峡登山口の駐車場には9時過ぎに着いた。天候は昼から晴れる予報なので、高岳には昼頃に着ければいい。

仙酔峡尾根の最初はミヤマキリシマの群落の中を行くが、やがて馬鹿尾根と呼ばれる険しい岩場の直登になる。岩に描かれたペンキの矢印を頼りにひたすら登る。地元の案内看板では高岳まで2時間。途中で何度も休み、稜線直下では早めのランチにして大休止。結局、高岳に着いたのは12時40分になっていた。山頂からの展望は雄大で、念願叶って感無量だった。

高岳から中岳、火口東展望所にかけては火山礫《かざんれき》の尾根道で、アップダウンはあるが快適な稜線歩き。中岳、火口東展望所と近づくにつれて火口の迫力は増し、硫化水素ガスの臭いが鼻をつく。ロープウェイの残骸を横目に、仙酔峡への下りにかかる。コンクリート舗装の下山路は3連登の膝にこたえた。

登山時間は短いが、険しい岩場の急登が続く仙酔峡尾根や火山ガス発生地帯もあるので、コースの難易度は★★にした。（日本百名山、23年4月11日初訪、単独行）

公衆浴場めぐりも楽しみな阿蘇の探勝拠点

阿蘇山麓にはいくつもの温泉地が散在しているが、最大規模の宿数を誇るのが内牧温泉。温泉街には安価で利用できる公衆浴場も多く、私もこの機会に七福温泉、薬師温泉、大阿蘇温泉のハシゴ湯を楽しんだが、おすすめは大阿蘇温泉。現在は宿泊を止めて入浴のみの施設になっているが、早朝からの営業で、２００円で源泉かけ流しの名湯が堪能できるのには感服した。

内牧温泉・大阿蘇温泉は源泉かけ流し

阿蘇山高岳　標高1592m

コースタイム→仙酔峡登山口から高岳、中岳、火口東展望所経由で約3時間40分◆仙酔峡登山口まで、鉄道／JR豊肥本線宮地駅からタクシー約15分、車／九州自動車道熊本ICから約1時間10分

難易度 ★★☆

内牧温泉

大阿蘇温泉☎0967-32-0157、入浴料200円（7:30～21:00、不定休・要確認）◆泉質＝ナトリウム・マグネシウム・カルシウムー硫酸塩温泉◆源泉温度=43.9度◆仙酔峡から車で約25分

阿蘇山最高峰の高岳。眺望は雄大で、根子岳、九重連山、祖母山・傾山、雲仙岳まで眺望する

市《いち》房《ふさ》山《やま》と湯《ゆ》山《やま》温泉

大展望が広がる市房山9合目付近。彼方に高千穂峰から韓国岳の霧島連山も望める

ご神体と崇敬された人吉《ひとよし》・球磨《くま》地域の最高峰

市房山は九州山地南部の、また人吉・球磨地域の最高峰である。人吉盆地からもその山容が望まれ、古くから市房山そのものがご神体として崇敬されてきた。まさに人吉・球磨地方の「ふるさとの山」と言えるだろう。

阿蘇山高岳から下山して内牧温泉に連泊。翌日は高森、蘇陽《そよう》、日本三大秘境椎葉村《しいばそん》を通る九州山地を縦断する秘境ルートを延々と走り、市房山の登山拠点である水上村《みずかみむら》湯山温泉に移動。市房観光ホテルで人吉在住の和田博さんと合流した。和田さんとは「日本百名山」完登の山旅の途中、南アルプス・北沢峠の山荘で知り合って以

市房山　標高1721m

コースタイム→市房山登山口（市房山キャンプ場）から登り3時間40分・下り3時間◆市房山登山口まで、鉄道／くま川鉄道湯前駅からタクシー約25分、車／九州自動車道人吉ICから約1時間

難易度 ★★☆

湯山温泉

市房観光ホテル☎0966-46-0234、日帰り入浴500円（15:00 ～ 21:00、不定休・要確認）◆泉質＝アルカリ性単純温泉◆源泉温度=34.1度◆市房山登山口から車で約5分（徒歩約40分）

市房観光ホテルの加温かけ流しの内湯

来の付き合いだが、山に同行するのは初めて。日本全国の高峰を踏破している岳人で、市房山はいわばトレーニングの山。すでに１００回以上も登っているという鉄人で、これ以上の心強い同行者はいない。

翌4月14日、市房山キャンプ場の登山口を7時過ぎにスタート。市房神社までの参道には樹齢８００年以上の杉の巨樹が立ち並ぶ、荘厳な雰囲気に包まれた参道を登る。神社の手前の八丁坂は歴史を刻む石畳の坂だ。登山口から約1時間10分で市房神社に到着。4合目に鎮座する市房神社は、人吉藩主相良《さがら》氏の祈願所で、庶民の参詣は「お嶽《たけ》参り」と呼ぶそうだ。ここから本格的な登山道になり、朝食後の8時40分出発。

市房神社から8合目を過ぎるまでの樹林帯の急登は険しい。ようやく視界が開ける8合目に9時35分着。9合目手前からは霧島連山がくっきりと見えて感動したが、山頂付近に立ち枯れの木が多いのが気になった。11時35分、大山祇尊《おおやまつみのみこと》が祀られ、一等三角点標石が置かれた市房山に登頂。眺望抜群の意外と広い山頂で、宮崎県西米良《にしめら》村《そん》側からの登山者が先着していた。こちらは5合目まで車が入れ、2時間ほどで登頂できるそうだ。そういえば、この日は水上村側からの登山者には誰にも会うことがなかった。

（日本二百名山、23年4月14日初訪、同行1名）

市房山を仰ぎ見る美しい山里に湧く湯山温泉

湯山温泉は、のどかな山里の湯という表現がぴったりの自然環境にあり、旅館3軒と民宿5軒が散在する小さな温泉場。温泉は優しい肌触りで美肌効果のある単純硫黄温泉だ。夕暮れ時に高台の公園から正面に仰ぎ見た市房山と山里風景が美しかった。私が泊まった市房観光ホテルの加温かけ流しの湯が秀逸だが、ここの日帰り入浴は不定休なので、休みの場合は公衆浴場元湯（入浴料４１０円、10〜20時、第３水曜休）があり、内湯と露天風呂で評判の美肌の湯が楽しめる。

360度の大パノラマが広がる市房山の山頂

白鳥山《しらとりやま》と白鳥《しらとり》温泉

ファミリーハイキングにも好適の展望抜群の山

当初は白鳥温泉下湯《したゆ》から甑岳《こしきだけ》に登るコースを想定していたが、初級者には厳しそうということがわかり、えびの高原から往復する案が浮上した。

前日、栗野岳《くりのだけ》に登ってから板倉君と霧島温泉旅の湯に移動し、大分から来る村上ファミリーと合流した。板倉君は日本旅のペンクラブ理事で別府八湯温泉道名人会の会員、大平山にも同行した村上さんと夫君の重則さん、小5の凜歩君の3人とも名人会のメンバーだ。そして、翌日に予定した甑岳には、栗野岳に続いて名人会会員の大久保彩子さん、名人目前の二階堂直美さんも同行してくれることになっていた。2人とも地元霧島市在住で、霧島連峰に精通している山ガールなのも心強い。

翌朝、9時にえびの高原で待ち合わせたが、私の勘違いで集合場所の「えびのエコミュージアムセンター」前の駐車場を通過してしまい、30分も遅刻してしまった。この時間から甑岳はどうかなと思案していたところ、二階堂さんから「初級者コースというなら白鳥山と二湖めぐりコースは?」との提案をいただき、即決。

10時15分に出発し、緩やかな登りの池巡り自然探勝路を進み、途中で左折して、二湖パノラマ展望台に11時20分に到着。火口湖の白紫池《びゃくしいけ》と六観音御池《ろくかんのんみいけ》の二湖と韓国岳《からくにだけ》や甑岳を眺望する景勝地である。

白鳥山手前の石ころと火山礫の斜面で登山気分を満喫しつつ、白鳥山には11時50分に着いた。春休みとあって、ファミリーがお弁当を広げていた。山頂は白紫池を眼下に、韓国岳を正面に望む好展望台だ。

白鳥山から白鳥山北展望台を経て下ると、池巡り自然探勝路に出た。ここを左折して六観音御池まで往復し、

白鳥山の山頂から白紫池と韓国岳を望む

二湖パノラマ展望台から白鳥山への登山気分満喫の道。振り返ると韓国岳が大きい

白紫池から探勝路を戻ると二湖パノラマ展望台の分岐で、周遊コースは完結。往路を戻り、出発地点には14時30分に帰着した。（24年4月1日初訪、同行6名）

下野した西郷隆盛が心身を癒やした山の湯

えびの高原からえびの市側へ下ると、右手に白鳥温泉上湯《うえゆ》と下湯がある。ともに一軒宿の温泉だが、ここでは入口に「西郷南洲曽遊之地」のプレートを掲げる上湯を推奨しておく。征韓論に敗れて下野した西郷隆盛がこの地で3ヶ月滞在して狩猟と湯治に明け暮れて安寧の日々を過ごしたという場所だ。風呂は内湯と展望露天風呂のほか、天然サウナの「地獄蒸し風呂」が秀逸である。

白鳥山　標高1363m

コースタイム→えびの高原から白鳥山と二湖めぐり周遊コースで約3時間◆えびの高原登山口まで、鉄道／JR日豊本線霧島神宮駅からバス28分の丸尾で霧島連山周遊バスに乗り換えて26分（タクシーで約30分）、車／九州自動車道えびのICから約40分

難易度 ★☆☆

白鳥温泉

白鳥温泉上湯☎0984-33-1104、日帰り入浴500円（7:00～20:00、第1火曜休）◆泉質＝単純温泉◆源泉温度=50.2度◆えびの高原から車で約20分

夜景も美しい白鳥温泉上湯の露天風呂

標高1700m、霧島最高峰の韓国岳の山頂で

大浪池から望むはるかに遠い印象の韓国岳

韓国岳《からくにだけ》と霧島温泉郷《きりしまおんせんきょう》

大浪池《おおなみのいけ》から木段の急登で目指す霧島連山の最高峰

韓国岳には16年7月22日、吐噶喇《とから》列島遠征の途次、鹿児島空港でレンタカーを借りて夜の出航前に登った。えびの高原から最短コースを登れば往復3時間弱、十分に余裕があった。今回は24年春の南九州遠征4座の掉尾《とうび》を飾る山として、大浪池《おおなみいけ》から韓国岳を往復する長めのコースを選んだ。春はミヤマキリシマが彩るという大浪池の周回ルートも歩いてみたかったからである。

4連登の4月2日、大浪池登山口の駐車場に9時に集結。同行メンバーは大久保さんが仕事で不参加となった以外、前日の白鳥山と同様でにぎやかだ。

大浪池へは途中まで石畳が敷かれた緩やかな登りだ。大浪池の縁に取り付き、青い湖水と背後にそびえる韓国岳を目にした瞬間は感動した。大浪池の周回は時計回りに往路は西岸から、復路は東岸を戻ることにして進む。路傍では春リンドウが可憐に咲いていた。えびの高原からの道と合流して右方向へ。避難小屋が建つ地点が大浪池の折り返し地点で、韓国岳への分岐点でもある。

韓国岳に直登する木道の階段は長かった。ここも天国に続く階段といった印象だ。登るほどに眼下に大浪池、彼方に錦江湾《きんこうわん》と桜島が望めた。木道階段が終わり、ガレ場の斜面を登り詰めて左からえびの高原からの登山道が合流すると、もう目前の岩場が韓国岳の山頂だった。そこはパックリと口を開ける噴火口の外

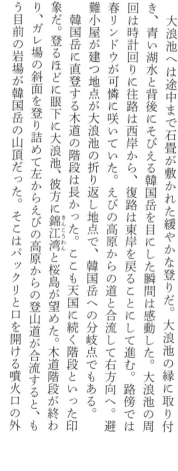

壁の最高点だ。前日登った白鳥山も、特徴ある新燃岳《しんもえだけ》から高千穂峰《たかちほのみね》へ続く霧島連山の主稜群も、桜島も一望できた。（日本百名山、24年4月2日再訪、同行5名）

観光温泉地から秘湯まで6湯が点在する温泉郷

この旅では韓国岳下山後に一軒宿の霧島湯之谷温泉・霧島湯之谷山荘に泊まり、参加メンバーで南九州遠征の打ち上げの宴を開いた。ここの源泉かけ流し風呂のぬる湯との交互浴が魅力だが、日帰り入浴の受付時間が短いので、間に合わない場合は温泉郷中心地の丸尾にある日帰り温泉施設の前田温泉カジロが湯（入浴料390円、7～20時、第3木曜休）がおすすめ。

霧島湯之谷山荘の交互浴が楽しい内湯

韓国岳　標高1700m

コースタイム→大浪池登山口から登り3時間・下り2時間30分◆大浪池登山口まで、鉄道／JR日豊本線霧島神宮駅からバス28分の丸尾で霧島連山周遊バスに乗り換えて20分（タクシーで約25分）、車／九州自動車道えびのICから約45分

難易度 ★★☆

霧島温泉郷

霧島湯之谷山荘☎0995-78-2852、日帰り入浴500円（10:00 ～ 14:00、原則水曜休）◆泉質＝単純硫黄温泉◆源泉温度=44.1度◆大浪池登山口から車で約30分

木道の急な階段からガレ場の急登を登り詰めると、山頂は近い。背後には大浪池と桜島

栗《くり》野《の》岳《だけ》と霧《きり》島《しま》温泉

霧島連山最西端に位置する桜島と韓国岳展望の山

１００座目の選定は難航した。当初は北薩の名峰紫尾山《しびさん》と紫尾温泉としたが、紫尾山は山ヒルに悩まされるとの情報で断念。次に温泉を絶景露天風呂「たま手箱」に替えて開聞岳《かいもんだけ》再録も考えたが、再訪する余裕がない。結局、栗野岳と霧島温泉旅の湯に決めたが、栗野岳温泉南洲館の休業が惜しまれる。

大平山に登った翌3月31日未明に板倉君運転の車で別府を発ち、一路栗野岳の登山口を目指した。板倉君は熱さと急登が天敵で登山は苦手だが、名人会員が同行する南九州の4座には全部同行すると並々ならぬ決意で臨んでいた。

日本一の枕木階段下に10時半に到着。駐車場には霧島市在住で名人会会員の大久保彩子さんが待ち兼ねていたが、そこに宮崎市から名人会重鎮の長谷部義文君が大久保さんの檄に応じて駆け付けてくれたのには驚いた。

日本一の枕木階段で一汗かき、展望台で一息入れてから登山道に入る。けっこうな登りが続き、尾根筋のT字路に着いたら右の見晴台へ。12時15分に到着し、韓国岳や山麓の大平原を眺めながら30分休憩。T字路に戻って鞍部まで下り、登り返すと第2峰。ここでも韓国岳を眺望。林間に入って登り、その先で山頂へは直進、左は温泉側登山口へ下る分岐点に出た。そこから10分ほどで、樹林の中の何の変哲もない栗野岳山頂に13時35分に到着した。

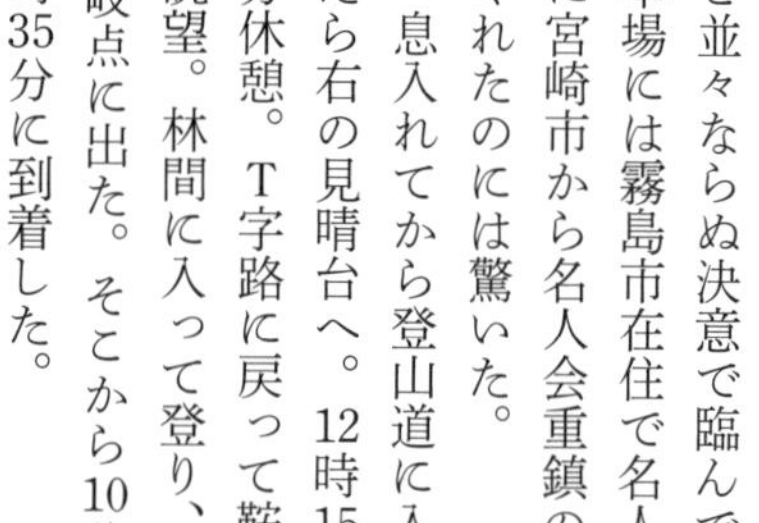

霧島温泉旅の湯の天然の大岩利用の露天風呂

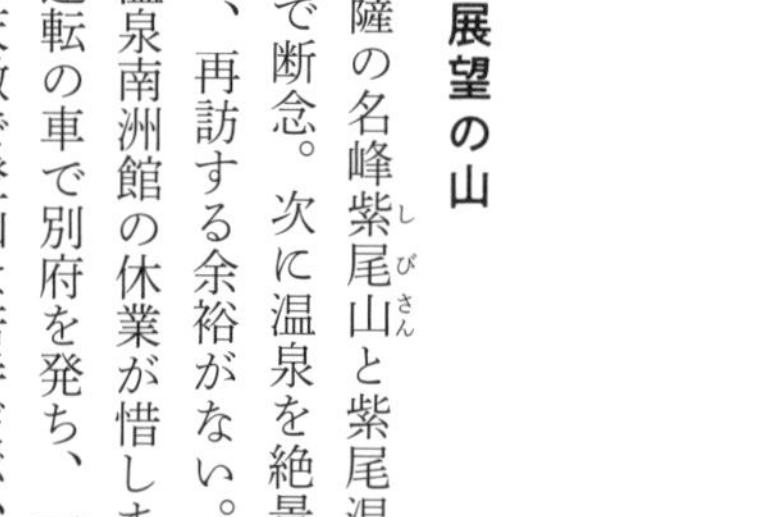

スタート直後で疲れる日本一の枕木階段

最初の休憩ポイントの見晴台。東に韓国岳、南には平原の先に錦江湾や桜島も望める

温泉側登山口への下りは樹林帯の中を急下降。ヒメシャラの木が目に付いた。下り切ると舗装路に飛び出し、あとは単調なロードを約30分歩いて枕木登山口の駐車場に帰着した。

（24年3月31日初訪、同行3名）

栗野岳の南東麓に自噴する一軒宿の秘湯

かなり前に、栗野岳温泉から霧島温泉郷に抜ける途中に立ち寄ったことがある。霧島温泉旅の湯と名称変更したが、まだ旧名の野々湯温泉の看板があちこちに残っていた。施設の印象は変わらず、ワイルド感のある内湯も露天風呂も記憶のまま。蒸し風呂も以前からあったようだ。宿泊施設は1棟貸しコテージと湯治棟があり、これはリニューアルした印象。日帰り入浴は11時〜21時と比較的長時間なので利用しやすい。

栗野岳
標高1094m

コースタイム→枕木登山口から見晴台、第2峰、栗野岳、温泉側登山口経由の一周コースで約3時間30分◆枕木登山口まで、鉄道／JR肥薩線栗野駅からタクシー約15分（土日祝は湧水町ふるさとバスが利用できる、栗野駅から16分の栗野岳展望台下車徒歩すぐ）、車／九州自動車道栗野ICから約15分

難易度★☆☆

霧島温泉
霧島温泉旅の湯☎0995-55-1313、日帰り入浴500円（11:00〜21:00）◆泉質＝単純温泉◆源泉温度=51.0度◆枕木登山口から車で約10分

番外編

惜しくも割愛した山と温泉

選定登山後、組み合わせた温泉宿の休業、予定した温泉旅館が日帰り入浴不可、百名山とするには推しの材料が足りない、などの理由で掲載を諦めた山と温泉がいくつかあった。番外編として記録しておく。

◆恵山《えさん》と恵山温泉

もっとも残念だったのが恵山と恵山温泉だ。恵山は恵山岬の先端にいまなお激しく噴煙を上げる活火山で、標高は618mしかないが、その迫力と山頂からの津軽海峡の眺めは素晴らしい。往復2時間30分程度なので本書のテーマにもピッタリだ。しかも山麓の恵山温泉は温泉ファンの注目を集める泉質＝酸性・含鉄（Ⅱ・Ⅲ）―アルミニウム・カルシウム―硫酸塩温泉、源泉温度＝40・2度、pH2・2の希少な泉質で、ぬるめの源泉かけ流しの極上の湯である。ところが、年が明けて恵山温泉旅館の女将の引退決意と事業承継者を探しているというニュースが流れた。直後に真偽を確かめるべく電話をしてみたが繋がらなかった。別の温泉もあるにはあるが、掲載は恵山温泉しか考えておらず、取材もここしかしていなかった。悩んだ末、本書の発売時には休業している可能性を否定できないため、泣く泣く掲載を見合わせることに。

その後、5月に「入浴できた！」との情報があり、再度電話で確認できたのは、24年11月までは営業し、その後は決まった事業継承者に引き継ぐということだった。その後の動向は現時点ではまだはっきりしないが、恵山温泉が存続されるということは間違いないようである。（23年7月5日、単独行）

◆高尾山と京王高尾山温泉

小仏《こぼとけ》峠から小仏城山を経て高尾山の手前までは

恵山温泉旅館の風呂は酸性泉の名湯かけ流し

登山道入口からも活火山の迫力が伝わる恵山

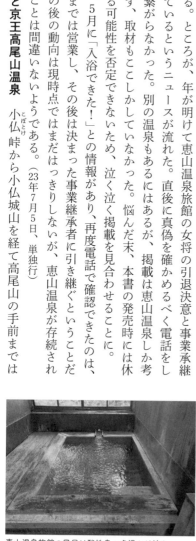

楽しめたが、高尾山の山頂周辺は雑踏並みの大混雑。好みの稲荷山《いなりやま》コースは半分くらいが板敷きの道になっており、落胆した。（23年5月2日、同行1名）

◆**岩櫃山《いわびつやま》と川中温泉**　ＪＲ吾妻《あがつま》線郷原《ごうばら》駅から日帰り登山に絶好の岩峰だが、クサリやハシゴ、補助ロープにすがっての登山は初級者や年配者にはあまり推奨できず、川中温泉かど半旅館も日帰り入浴不可。（23年8月28日、単独行）

◆**長九郎山《ちょうくろうやま》と大沢温泉**　大沢温泉からの大沢ルートを選んだが、宝蔵院から来る道との合流点の出合に着いたら、なんと大沢ルートは通行禁止の貼り紙。これは登山口にこそ告知するべきだろう。（23年5月10日、単独行）

◆**荒船山と初谷《しょや》温泉**　佐久市側の内山峠から登った日は霧が濃く、岩壁も見えず。山麓の初谷温泉は高級宿にリニューアルし、日帰り入浴不可。群馬側からリベンジの機会をうかがうも、果たせず。（23年5月26日、単独行）

◆**霧ヶ峰と霧ヶ峰温泉**　強清水《こわしみず》から車山《くるまやま》までの高原散策は魅力的だが、霧ヶ峰温泉の宿の日帰り入浴が不定期なので断念。（23年9月11日、同行2名）

◆**天水山《あまみずやま》と松之山温泉**　信越トレイルの起点の天水山を踏査。ブナの美林は魅力だが、片道1時間程度で視界も開けず断念。（23年6月7日、単独行）

◆**鶴見岳と別府温泉**　毎年4月に開催される「べっぷ鶴見岳一気登山大会」に参加したが、コース的に初心者には長すぎるのと、山頂でしか視界が開けないことから掲載を断念。（23年4月9日、同行3名）

◆**根子岳《ねこだけ》と南阿蘇温泉**　山麓の日帰り温泉施設の休業が再開されず、休暇村南阿蘇が日帰り入浴不可ということで掲載を断念。（23年4月10日、単独行）

阿蘇五峰の中では険しい岩峰を連ねる根子岳

クサリ場やハシゴなど険しい登山道の岩櫃山

おわりに

選定登山は23年4月8日〜14日の九州遠征からスタートした。取材期間が23年4月〜24年5月の正味1年余しかなく、範囲は北海道から九州まで、西日本も多めにというミッションなので、選定登山は当然ながら過密スケジュールとなった。また、取材経費のことを考えると、どうしても一度の出張を長期にするしかない。最長は6月25日〜7月28日の東北・北海道で、実に34日間。次いで9月9日〜26日の群馬・長野・新潟・南東北の18日間、10月3日〜16日の長野・南東北の14日間、24年3月29日〜4月13日の九州・中国の16日間と続いた。選定登山の完結は5月25日の武尊山としたが、最終的には補充のため6月初旬までかかった。同時に、日帰り温泉施設の撮影は営業時間前に限られるのも計画を立てる際の厄介なことだった。

目標設定は23年中に80座、24年5月までに20座。結果、23年中は登り返した山も含めて92座、24年は6月初めの九重連山の大船山・平治岳を締めとして13座登った。山頂まで達しながら悪天候やコース変更のためやむなく別の日に登り返したのは八甲田の赤倉岳、富山の僧ヶ岳、中国地方の船通山と三瓶山。登山口や途中で引き返して日を改めて登ったのはニセコの昆布岳、東北の栗駒山、群馬の浅間隠山、武尊山、烏帽子岳、中国地方の蒜山。番外編でも記したように、せっかく選定登山はしたものの、惜しくも割愛せざるを得なかった山と温泉が9コースもあった。特に、今作では登山口から日帰り登山をしたあとに温泉施設に立ち寄ってから帰ることを

テーマにしたので、立ち寄り湯不可の施設しかない場合は割愛せざるを得なかった。そのため、１００座を補う形にもなったが、前作の『温泉百名山』に掲載できなかった山と温泉もいくつか加えることにした。

　前作と異なるのは、単独行はほぼ半分と変わらなかったが、初級者向きの日帰りコース中心ということもあって、普段は登山には無縁の湯友が数多く同行してくれたことだった。その数はゆうに50名を超えた。中でも多くの山に同行してくれた板倉あつし、伊藤孝男、鹿野義治、柴田克哉、杉戸克洋、平藤明、山口貴史の諸君、北海道の山を案内してくれた札幌市在住の荒谷大悟・沙織夫妻、ニセコ温泉部のトムさんとルカオさん、および九州の山に集結してくれた別府八湯温泉道名人会の諸君には大変お世話になった。この湯友・山友たちの応援と激励、また宿泊の便宜を図ってくれた各地の友人の支援があったればこそ、成しえた『温泉百名山』続編だったと、この場を借りて厚く感謝したい。

　最後に、心配しつつも快く送り出してくれた家族とイラストも描いてくれた妻・真紀、前作に続いて素敵にデザインしてくださったアルビレオさん、遅滞気味の仕事を辛抱強くサポートしていただいた集英社インターナショナルの松政治仁氏に心より御礼申し上げます。

２０２４年7月記

飯出敏夫《いいでとしお》

1947年、群馬県生まれの温泉紀行ライター。約20年間を旅行書の取材・執筆・編集者として過ごし、1991年、日本初の温泉専門誌『温泉四季』の創刊に参加。95年、温友社を設立し、温泉に特化した取材・執筆活動を行う。2016年の白山登頂を機に、登り残した「日本百名山」を17年に70歳で踏破。次に「温泉百名山」選定登山を志し、三度の大病を克服して、21年秋に完結。そして初級者や年配者向けの続編の取材を23年にスタートし、翌年完登した。主な著書に『温泉百名山』、『一度は泊まってみたい秘湯の宿70』、アサヒDVDブック『秘湯ロマン』、『名湯・秘湯の山旅』など。テレビ、ラジオ出演も多数。日本温泉地域学会会員、日本旅のペンクラブ代表会員、温泉達人会代表。温泉達人コレクションhttp://onsen-c.com/を発信中。

イラストレーション ― 飯出真紀

表紙デザイン原案（てぬぐい）― 飯出風子（温泉達人コレクション）

ブックデザイン ― アルビレオ

日帰《ひがえ》りで登《のぼ》れる 温泉百名山《おんせんひゃくめいざん》

二〇二四年一〇月三〇日　第一刷発行

二〇二五年 三 月二四日　第二刷発行

著　者　飯出敏夫《いいでとしお》

発行者　岩瀬 朗

発行所　株式会社 集英社インターナショナル

〒一〇一-〇〇六四 東京都千代田区神田猿楽町一-五-一八

電話 〇三-五二一一-二六三二

発売所　株式会社 集英社

〒一〇一-八〇五〇　東京都千代田区一ツ橋二-五-一〇

電話 読者係 〇三-三二三〇-六〇八〇

販売部 〇三-三二三〇-六三九三（書店専用）

印刷所　TOPPAN株式会社

製本所　株式会社ブックアート

ISBN978-4-7976-7453-8 C0095